夢の鍵

あなたの未来を思い通りに――

監修・松田英子

INTRODUCTION

CONTENTS

もくじ

DREAM KEY 夢の鍵

PART 1

CONTENTS

もくじ

DREAM KEY

夢の鍵

PART 2

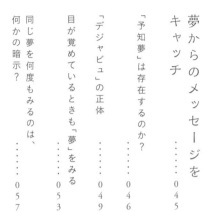

PART 3

PART 4

CONTENTS

もくじ
DREAM KEY
夢の鍵

INTRODUCTION

ふしぎな夢の世界へ

あなたは昨晩、どんな夢をみましたか。

夢とは浮かんでは消える儚《はかな》いもの、現実にはなんら影響を与えることはないと思うかもしれませんが、そんなことはありません。なぜなら、夢にはあなたの人生を豊かにしてくれるヒントやアイデアが隠れているからです。

夢をコントロールして
あなたの未来を思い通りに――

人は一生の約3分の1を睡眠に費やしています。そして、睡眠中の約4分の1は夢をみているといわれています。

夢をみている人の中には、自分の思い通りに夢をコントロールできる人が一定数います。

「夢を思い通りにするなんて、よほど特殊な能力の持ち主でしょ？」と思われるかもしれませんね。でも、コツさえつかめば、眠ったまま夢を思いのままにするようなふしぎな体験ができたりするのです。

夢をうまくコントロールできるようになると、夢の世界だけでなく、現実の世界も変えていける可能性があります。

さて、
ここでみなさんに質問です。

次の10の項目の中で、夢をコントロールできるようになると、実際にどんなことが可能になると思いますか？
当てはまると思うものに○をつけてください。

1 悪夢をいい夢に書き換えられる

2 溜《た》まったストレスを軽減できる

3 心身の疲労を回復できる

4 コンプレックスを受け入れられる

5 トラウマを克服できる

6 集中力や記憶力を高められる

7 運動能力やスキルを高められる

8 問題解決の思わぬヒントがみつかる

9 ここ一番のときの成功確率が上がる

10 創作や研究のアイデアがひらめく

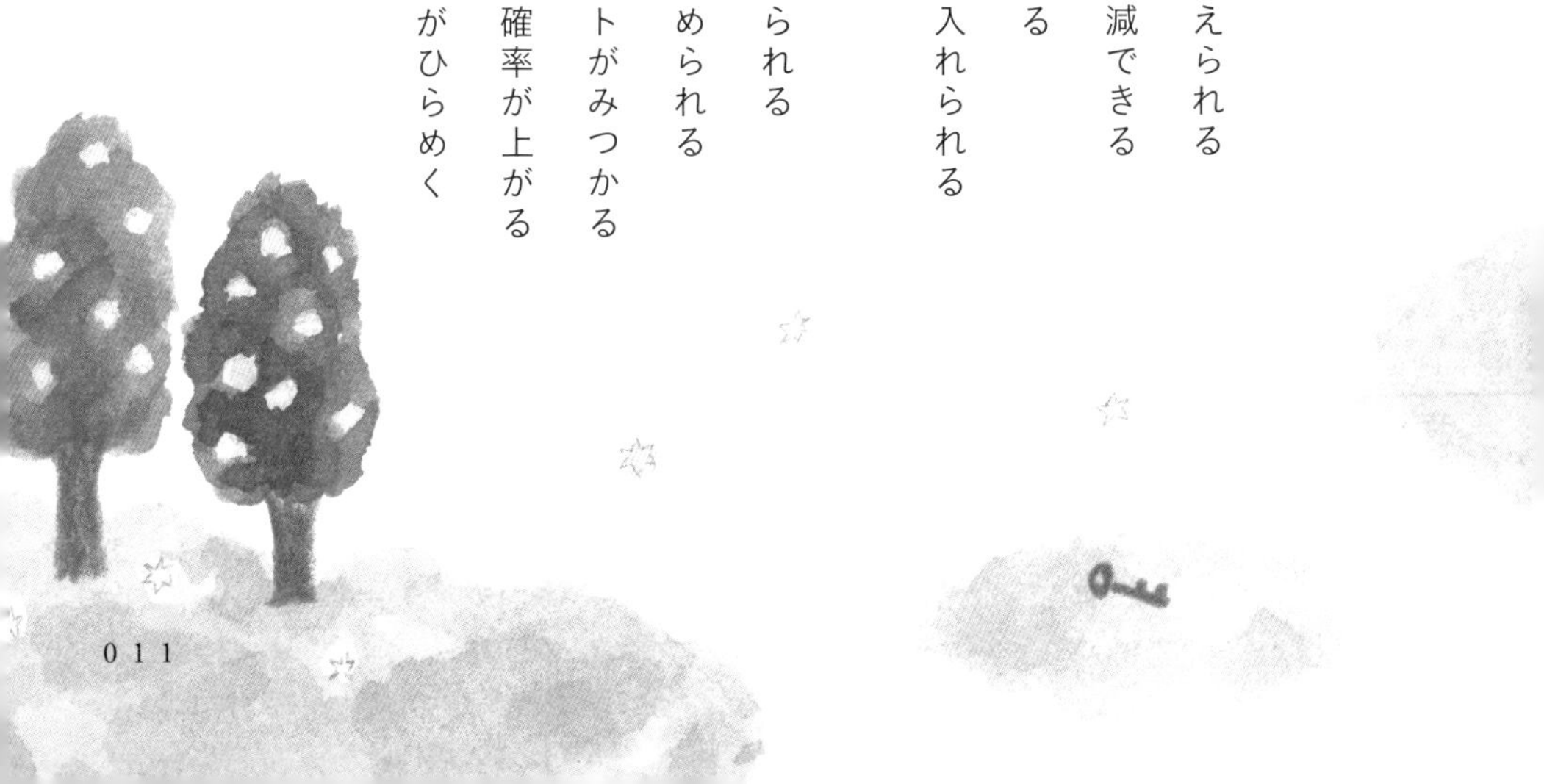

答えは、1〜10のすべてです。

ベッドですやすや夢をみながら、こんなにいろいろなことが実現できるなんて、まるで魔法のようですよね。といっても、これは決して怪しいオカルトではありません。

夢をコントロールする効果についての科学的な研究が実際に行われているのです。

夢の中で、「これは夢だ」と気づける人はラッキー

「明晰夢《めいせきむ》」という言葉を聞いたことはありますか？

あまり見聞きしたことのない言葉かもしれませんが、きっとみなさんの中にも明晰夢を経験した人がいるはずです。

たとえば、夢の中で「ん!?　これはもしや夢では……」と気づいて、頬をつねってみたりしたことはありませんか？

明晰夢とは、「これは夢だ」と自覚しながらみる夢のことです。一度でもそんな夢をみたことがある人は、とてもラッキーです。なぜなら、それが夢をコントロールできる第一歩だからです。

ぜひ本書で紹介している夢を操るコツをつかんで、明晰夢のスペシャリストを目指しましょう。

大谷翔平選手の悪夢にひそむ本音とは

夢を操れるようになると、悪夢だって怖くはありません。

コロナ禍を機に、悪夢をみる人が増えたという報告がありますが、悪夢には自分でも気づいていない本音やストレスが隠れていることがあります。

アメリカのメジャーリーグで活躍をしている大谷翔平選手のような天才アスリートでも、しばしば悪夢に苦しめられることがあるそうです。

「夢ですか……みますよ。野球の夢もけっこうみます。一番多いのは、ライト前にヒットを打ったのに、足が前に進まない夢(笑)。水の中を走っているような感じでちっとも前に進まなくて、一塁でアウトになるんです。その夢はよくみますね」

大谷選手はこうした苦しい夢をみるとき、自分自身が実は大きなストレスを感じていたり、精神的に追い詰められたりしているのだという

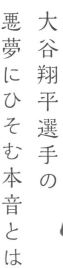

ことを自覚するそうですが、実はそのことが大谷選手の現実でのよいプレーにつながるのではないでしょうか。

みなさんも、悪夢をみて「自分では平気なつもりでいたけど、案外恐れていたのかも……」などと自身の心の奥底にひそんでいた本音に気づくことがありませんか？

悪夢は潜在意識にひそんでいたストレスのあらわれといえます。しかし、明晰夢のスペシャリストになると、夢を操ることで悪夢も幸せな夢に上書きできます。

たとえば大谷選手の夢を例にすると、進まなかった足が急に軽くなってダッシュできるとか、ヒットかと思いきやホームランだった！……といったラッキーな夢の筋書きに好転させられます。

さらに、悪夢を書き換えることで、恐れや苦手意識を克服して自信をつけたり、心に負った傷をゆるやかに癒やすことも可能なのです。

東日本大震災を予知した夢の警告

夢でみたことが現実に起こった――そんな経験はありますか？

夢が未来を予知するかにはいろいろな解釈がありますが、夢の中で未来への警告と感じる人もいます。漫画家のたつき諒さんが実際にみた夢を描いた『私が見た未来』もその一つです。

１９９９年に刊行されたこの漫画は、その12年後の２０１１年３月に起きた東日本大震災をずばり言い当てていたことで世の中を震撼させました。さらに、２０２１年に刊行された『私が見た未来 完全版』では、「２０２５年７月に大災難」という夢をみたと語っていました。

自分のみた夢を記録してきたたつきさんは、のちに予知とは「警告」であると語っています。

古今東西の史実や逸話にも、「夢のお告げ」を受けて災厄を避けることができて繁栄したとか、夢のお告げを無視してしまったがために悲惨な事態に陥ったといった話がたくさん出てきます。

夢にはその人の不安が反映されているだけという解釈もありますが、夢から何かをキャッチして、未来に起こる不幸な現実を回避できるとしたら、あなたのみる夢の中にも未来を変えるヒントがあるかもしれません。

夢はコスパ最高の優雅なライフハック

夢にはストレスの軽減やトラウマの克服から、各種能力やスキルのアップ、研究や創作のひらめき、そして未来の予知や警告まで、さまざまな可能性が宿っています。こうした夢のパワーを活用するには、夢そのものについての理解を深める必要があります。

本書では、まずPART1で夢にまつわる素朴な疑問にお答えし、夢の基本的な知識についてお話しします。

次にPART2では、予知夢やデジャビュなど、ちょっとふしぎな夢の体験の秘密を繙《ひもと》きます。

そしてPART3では、本題の明晰夢について詳しく解説し、明晰夢をみる具体的な方法や、夢をコントロールするコツをご説明します。

最後のPART4では、書き溜めた夢日記を造形作品に昇華させたアーティストの夢&夢診断や、さまざまな方の夢の実例を紹介します。

夢の見方を知り、夢を最大限に活用することで、人生が大きく変わります。本書で身につけた夢の方法論は、長い人生の中で有効活用できます。

そう、夢はもっとも楽で効率のよいライフハックなのです。

ぜひ夢を操る達人になって、あなたの人生を好転させましょう。

PART 1

なぜ夢をみるの？

まずは夢についてのナゾに迫ります。私たちが夢をみるしくみや、睡眠と夢の関係、夢を忘れてしまうワケなど、夢にまつわるあれこれを心理学的な目線で解き明かします。実は、霊的で怖い現象に思われがちな金縛りや悪夢にも、きちんとした理由があるのです。

夢とは何でしょう？

記憶のカケラをつなぎ合わせた「オリジナル映画」です

私たちの脳の中にはその日にあったものごとを記憶する場所があります。経験や体験を保管するライブラリーのようなもの、といえば分かりやすいでしょうか。たとえば、朝淹《い》れたコーヒーの匂いや、通学のときにすれ違ったおじさんのコートの色、友達と話した内容、ねこの鳴き声、車窓からみえる風景など、五感で得たことのすべてを脳は記憶しています。自覚があるなしにかかわらず、です。

おもしろいことに私たちの脳はそうした記憶を勝手に分別します。家族、友達、恋愛、ペット、子ども時代、仕事、音楽、大好物、嫌いなものなど、その人なりの経験則に基づいてジャンル分けされ、整理整頓しているのです。

記憶は日々更新されるので情報量は膨大。分別作業は寝ている間に及ぶことも少なくありません。その作業の途中、脳の中にある記憶のカケラをランダムにつなぎ合わせ、頭の中のスクリーンに映像化したもの。それこそが夢の正体。夢とは、意識と無意識にある情報が入り混じった自分だけの「オリジナル映画」なのです。

● 記憶には短期記憶と長期記憶があり、ライブラリーに分類された記憶は「長期記憶」として一生保存されます。その容量は無限大です。

夢に
知らない人や
場所が
出てくるのは
なぜ？

すべて
あなたの経験がベースです

基本的に、夢には自分が経験・体験したことしか出てきません。

そんなことをいうと「え？　行ったことのない場所が出てきたりするけど……」と思う方もいらっしゃるでしょう。

夢とは記憶のカケラが絡み合ったものです。夢に出てくる知らない人も、昔会ったことがあるけれど名前も覚えていない人だったり、テレビや映画でみた想像上の人物だったりと、あなたが実際に何らかのかたちで経験して記憶された人々が、脳のライブラリーから引っ張り出され、組み合わされた存在なのです。

夢の中では古い記憶も新しい記憶も関係ありません。現実の世界で昔の知り合いによく似た人に会ったりすると、古い記憶が刺激されて新しい記憶と結びつくこともよくある話です。そんなふうにランダムに絡み合うのが夢のふしぎなところ。だからこそ予想もつかない世界観やストーリー展開で、私たちを驚かせたり、喜ばせたり、悲しませたりするのです。

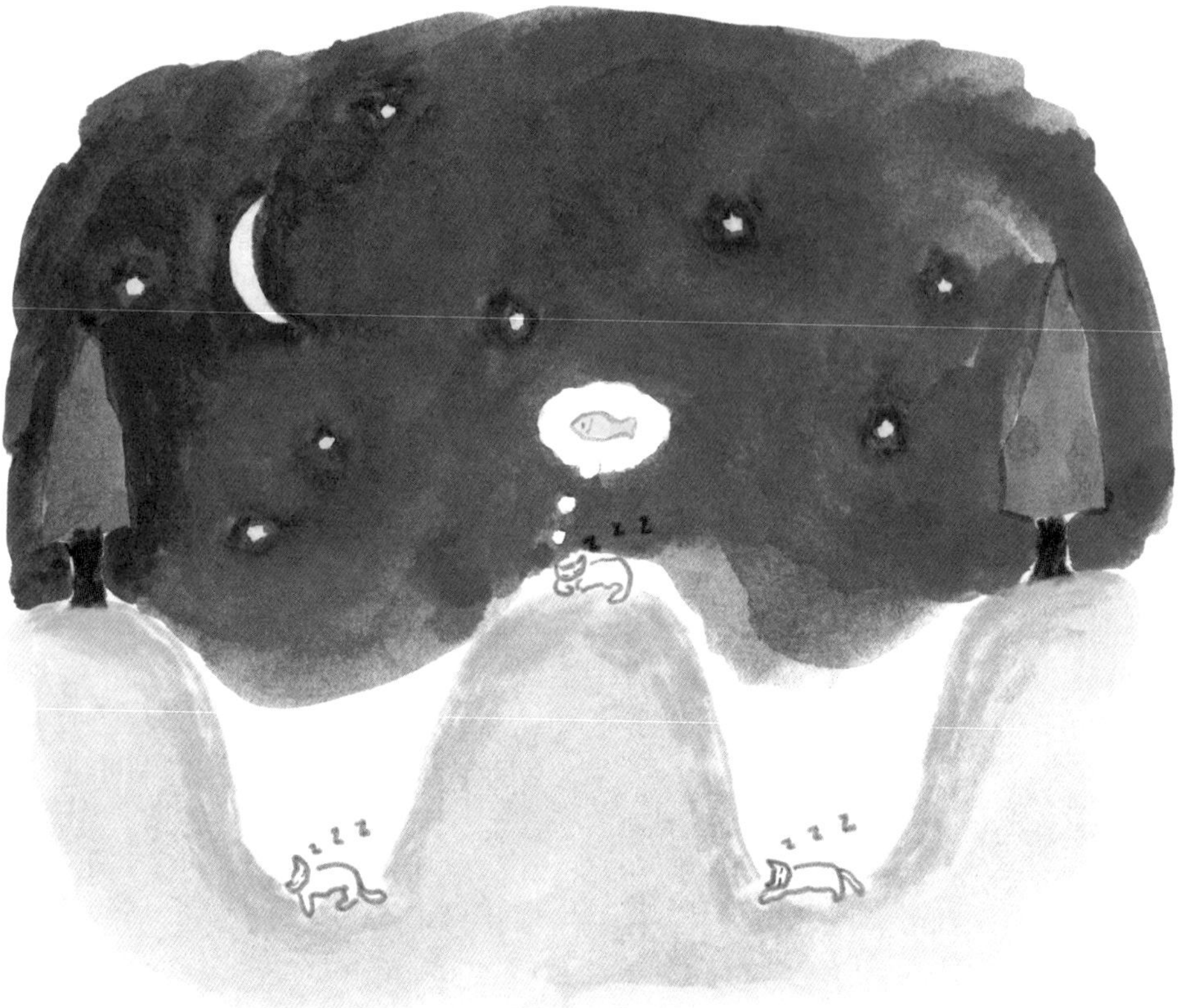

夢をみるのは
どんなとき？

体は眠っているのに脳が起きているとき

睡眠には「レム睡眠」と「ノンレム睡眠」がありますが、私たちがおもしろい夢をみるのはたいてい「レム睡眠」のときです。

レム睡眠とは、主に「体」を休めるための睡眠とされ、体の筋肉は弛緩《しかん》して脱力している一方、脳は起きているときに近い覚醒状態であることを意味します。体と脳の状態が一致していないことから、逆説睡眠とも呼ばれています。

それに対してノンレム睡眠は、主に「脳」を休めるための睡眠です。ノンレム睡眠には4段階あるとされ、もっとも深いノンレム睡眠状態のときには、起こしてもなかなか起きず、夢をみることはほとんどありません。

レム睡眠とノンレム睡眠は約90分周期で交互に訪れます。

たとえば6〜7時間睡眠の人なら、一晩におよそ3〜4回のレム睡眠を迎えることになり、そのたびに夢をみている計算になります。

みた夢を
忘れてしまうのは
なぜ？

私たちの脳が夢を記憶するようにできていないから

人間は、眠っている間に平均3～5つの夢をみています。でも、その夢を覚えていられないことがほとんどではないでしょうか。

そのワケは脳のシステムにあります。眠っているときには、夢を覚えておくための「記憶システム」が活動をストップしているため、覚えることができず、忘れてしまうのです。

中には「今朝は夢を覚えていた」という人もいるでしょう。

おそらくそれは目覚める直前にみた夢であり、脳が記憶システムを作動し始める準備に入っているため、おぼろげながら記憶に残るのです。朝方にまどろんでいるときや、二度寝をしたときの夢を覚えていることが多いのはそのためです。

また一晩にみる夢は、1回目、2回目と、あとになるほど情報量が増えていきます。最後にみる夢は「長編大作」が多く、朝起きたときに覚えているのは、このときの夢が多いようです。

夢をよくみる人とみない人の違いは？

眠る時間が長いか、短いか

一般的に、長く眠ることが必要な人「ロングスリーパー（※1）」は夢をみることが多く、睡眠時間が短くていい人「ショートスリーパー（※2）」は夢をあまりみないようです。

眠る時間が長ければ長いほど、夢をみる回数が増えます。眠る時間の長さに夢の回数は比例するというワケです。

とはいえ、たくさんの夢をみていても、覚えていない場合もあります。「普段から夢をよくみる人」は「夢をよく覚えている人」ともいえます。

夢をよく覚えている人は、繊細で敏感な人や不安を抱えた人、独創的な人、夢に興味がある人が多いようです。一方、現実的な性格で細かいことを気にしない人や、忙しくて心に余裕がない人は、夢をみても覚えていないことがほとんどです。

ちなみに物理学者のアインシュタインは、ロングスリーパーとして有名です。高校生のときみた「光を追いかける夢」をきっかけに、相対性理論を導き出したといわれています。

※1　必要とする睡眠時間が9時間以上の人のこと。
※2　必要とする睡眠時間が6時間未満の人のこと。

「金縛り」は恐ろしい心霊現象？

多様な要因が重なり合って生じる物理的現象です

金縛りというと幽霊体験や心霊現象と思うかもしれませんが、金縛りの原因はとても明白。理由は生理学的にはっきり説明されています。

金縛りが起こるのはレム睡眠のとき。とくに、仕事や勉強などで睡眠不足が続き、体が疲れ過ぎているのに頭が興奮している、といったときに生じます。

通常、眠りはノンレム睡眠から始まります。

その後、約90分の間隔でレム睡眠と交互に入れ替わりますが、体が疲れ過ぎていると、入眠直後にいきなりレム睡眠が訪れることがあります。頭はまだ覚醒した状態にもかかわらず、筋肉は弛緩して急速に力が抜けていくことに。つまり、体が麻痺した状態になって動けなくなるのです。

このとき生じるのが金縛りです。たとえば、寝入り端《ばな》のレム睡眠時、足を動かしたいと思っても、実際には動かすことができません。こうした物理的な現象がときとして、動けないという感覚を招くことになるのです。これが金縛りの正体。医学的には「睡眠麻痺」と呼ばれています。

夢の中で、走ろうと思っているのに足がもつれて走れないという人もよくいます。ストレスのある方なら心と結びつけて考えがちですが、それも同じくレム睡眠中の現象と考えられます。

金縛りに遭ったことのある人の多くは「誰かが体の上に乗っていた」、「首を絞められた」という怖い体験をしたとおっしゃる方もいるでしょう。

こうした体験もメカニズムは同じです。頭は冴《さ》えているのに、体が思うように動かないために、押さえつけられているような圧迫感を感じることが原因になります。

また、声が出ないということも起こります。喉が少し圧迫されて呼吸がしにくくなるために起こる、こうした幻覚を「入眠時幻覚」といいます。

金縛りに遭ったときは

金縛りは、何も特別なことではありません。

誰にでも起こりうる現象です。日本人の場合は、約40％が金縛りを体験したことがあるといいます。

とくに10～20代で体験することが多く、多感な時期に金縛りに遭うと、怖くて思い悩むタイプと、自分には霊感があると思い込むタイプに分かれるようです。

どちらにせよ、金縛りは霊的な現象でも何でもありません。

むやみに怖がることもありませんし、ましてや、お祓《はら》いをしたり、引っ越しなどをする必要もないのです。


もし、あなたが金縛りに遭ったとしたら、どうすればいいか。

そのときは落ち着いて、指先を少し動かしてみてください。あるいは、ゆっくり息を吸ってみるといいでしょう。意外と簡単に金縛りから解放され、自由に動かすことができるはずです。

おいしそう！
食べる寸前で
目が覚めるのは、
なぜ？

興奮して脳の覚醒レベルが上がるから

夢の中で、おいしそうな料理を食べる直前に目が覚めて食べられなかった! という経験はありませんか。

たとえば、鉄板にジューッと肉を焼きつけて、もう少しで焼き上がる、というときに目が覚めたり、甘いケーキにフォークを入れた、その瞬間に朝の光を感じたり。もう少しで食べられたのに……と、残念に思うこともあるでしょう。

さあこれから、というときに目が覚めてしまうのは、なぜでしょう。

それはずばり、興奮するからです。夢の中で感情が高ぶってくると、興奮して脳の覚醒レベルが上がり、結果として目が覚めてしまうことになります。

これはおいしいものを食べる夢に限ったことではありません。

夢の中で、大好きな人と手をつなごうとした瞬間に目が覚めてしまったり、性的な夢をみたときにも興奮で目が覚めてしまうことがよくあります。

「悪い夢」は何かのお告げ？

問題解決の糸口かも

日常生活に何か問題があると、眠っている間に、脳がさまざまな記憶を引き出して解決策を探るため、夢をみます。

普段あまり夢を覚えていないという人も、人間関係がうまくいっていない、仕事が思うように進まないなど、日常生活で何か問題を抱えているときには、夢を覚えていることが増えるはずです。それも「あまり楽しくない夢」「悪い夢」を。心の底に不安や悩みがあることを、夢が教えてくれているのです。

悪い夢をみると、気持ち的には辛くなりますが、むしろ問題を好転させようと頑張っている状態である、ともいえます。あなた自身の脳が、眠っている間に解決策を探している「しるし」なのです。

長く眠るほどたくさんの夢をみます。夢をみるにつれて、記憶が整理されますから、何か問題を抱えたときには「とりあえず寝る」ことは正しい解決法の一つ。夢の中にヒントが出てきて、問題の打開策を思いつくことも少なくないのです。

あまりの
恐怖で
目が覚めた！

それは「悪夢」です

心理学では、前ページで紹介した「悪い夢」と「悪夢」は別物と考えます。「悪い夢」＝問題を解決しようと努力しているしるしであり、朝まで眠り続けることができますが、「悪夢（※）」とは忘れたいのに忘れられない恐怖によって、途中で目が覚めてしまう夢といえます。

私たちは眠っている間に「感情を伴う記憶」も一緒に処理をしています。このとき、辛い、悲しいなど「嫌な感情」はできるだけ記憶の奥にしまい込み、心が穏やかになるよう整えているのですが、悪夢は、睡眠の途中で飛び起きるような中途覚醒を引き起こし、記憶の整理をストップさせてしまいます。

睡眠そのものが中断されることはもとより、目覚めた後にも不快な感情を残すため、心身ともに不健康をもたらす可能性が高くなります。

悪夢のもとになっている現実ストレスへの対処や、夢をコントロールする術を学ぶことが必要と思われます。

※　何度も繰り返し「悪夢」をみて目を覚ますときは何らかの「心の病」の可能性もあるため、専門家に相談してみてください。

夢は選べるの？

訓練をすれば、自分好みの夢をみる可能性が高くなる！

現実は厳しいけれど、せめて夢の中では自分の思い描いた通りにしたい——やっぱり誰もがいい夢をみたいですよね。

夢の素材を引き出すトリガーになりやすいのは新しく印象的な記憶です。その日にいいことがあるとそれが刺激となって夢をみやすくなりますから、みたい夢があるのなら、寝る前にインプットしましょう。好きなアイドルや楽しかった記憶など、夢に出てきてほしいものの映像を思い浮かべながら眠りにつくことが効果的です。逆に、寝る前にその日の失敗をくよくよ考える、恐怖映画を観るなどネガティブな情報やイメージは悪い夢につながることになるのでご注意を。

新年最初にみる夢の内容で、その年の行方を占う「初夢」があります。縁起の良い夢をみるために「宝船に乗った七福神」のイラストなどを枕の下に置くといった方法がありますが、「夢の法則」からすると、これは正しい方法。好きな人の夢をみたいなら、その人の写真を置いて寝るといいでしょう。

Dream Column 1

子どもの悪夢にもきちんと寄り添う大人の対応

夢に対する意識は、日本と北米では大きく異なっています。

日本では、子どもが怖い夢をみて泣いていても「夢だから大丈夫。早く忘れて寝ましょうね」など、悪夢は忘れたほうが良いもの、と軽く扱いがちです。大人も、「夕べの夢は怖かったけど、夢と現実は違うから大丈夫」と、とくに夢の意味を考えることはなく、見過ごしてしまうことがほとんどではないでしょうか。あるいは「悪いことが起こるのではないか」と不安になる人もいるかもしれません。

一方北米では、子どもが悪夢をみて怖がっているときは、日本のように放置はしません。怖かった夢はどんな内容だったのか、子どもの話をちゃんと聞いてあげます。そのうえで、悪夢の原因が何かを探り、悪夢をみないようにしっかり対応していくのです。子どもに対しては、「夢の続きをみるとしたらどんなストーリーにしたい？」と、筋書きをハッピーな結末に変えるよう手助けをします。

それができるのは、北米では悪夢は「睡眠障害」の一つとして周知され、親自身もそのことをしっかり理解できているからです。悪夢をみる頻度や症状によっては、治療の対象にもなります。アメリカ睡眠医学会では「悪夢の治療ガイド」を作り、悪夢のレベルによって、薬や認知行動療法などを使った治療法を紹介しているほど重視しているテーマです。治療ガイドでは、原因となるストレスへの対処法や、悪夢の筋書きをハッピーエンドにするイメージ・リハーサル・セラピー法（P74参照）などが詳しく記されています。

日本でも、夢のメカニズムについて大人がもっと学べる環境ができ、家庭でも子どもの夢を大切に扱う習慣ができることが期待されています。

夢はこれを解く者のことばに従う

（古代ユダヤの文献より）

夢からのメッセージをどう解釈するかで、現実世界が変化することを示唆しています。たとえ悪い夢をみたとしても、夢が発する意味を前向きに捉えることで、現実世界が好転するチャンスを得ることができるのです。

PART 2

夢からのメッセージをキャッチ

世の中には、理屈や理論では決して説明することのできない夢があります。予知夢《よちむ》やデジャビュ、白昼夢……いずれも摩訶《まか》ふしぎで非現実であったり、現実に起きているようなリアリティを帯びているものだったり……。そんな夢に隠された本当の意味とは何なのでしょう？

「予知夢」は存在するのか？

ふしぎな現象か、それとも偶然の一致？

「知り合いや親戚が亡くなる夢をみたら、それが現実になった」

「地震が来る夢をみたら正夢になった」

現実に起こるできごとをまるで予知したかのように事前にみる夢を「予知夢」といいますが、果たして、こうした夢は実際に存在するのでしょうか。

心理学的な観点からすると、不安でインパクトのある夢を予知夢と思い込んでしまうメカニズムはあるようです（※）。

人は、普段気になっていることがあると、関連する夢をみやすいという、夢の法則があります。たとえば、現実の世界で「高齢の知り合いが病気で療養中と連絡を受けた」「最近会った知り合いの顔色が悪かった」というできごとがあると、それがトリガーになってその人たちが夢に登場したり、亡くなった夢をみたりするのです。

普段は夢をみてもすぐ忘れてしまうことがほとんどなのですが、たまたま夢をみたあとに「その方が亡くなる」という

※　心理学では「認知バイアス（偏り）」といわれる、偏った思い込みによる勘違い。この場合は、たまたま夢の内容と現実のできごとが一致すると、「当たった」と思ってしまう認識の誤り。

現実に遭遇すると、夢をリアルに思い出し、「あれは予知夢だった」と感じてしまうのです。ちなみに今生きている人が夢の中では亡くなっている夢も、その逆もまた一般的によくみられている夢です。

「地震が来る夢をみたら正夢になった」というのも同じような現象です。日本をはじめ、自然災害が多い国に住む人々は、常に心のどこかで、地震や津波、台風、火山の噴火などの自然災害に不安を抱きながら生活しています。

とくに不安に対する感受性が強い人は、たびたび地震などの自然災害に遭遇する夢をみるため、実際に大地震や大噴火などが世界各地で起こると「これは予知夢だ」と思い込んでしまうことがあるのです。

とはいえ、「予知夢」のすべてが科学的に説明できるわけでもありません。実際、昔にみた夢が現実のものになったとの報告があります。

冒頭の16ページでお話しした、漫画家のたつき諒さんが『私が見た未来』において２０１１年３月の東日本大震災を予知した話を含め、世界各地には予知夢にまつわるさまざまな逸話が残されているのも、また事実です。

「デジャビュ」の正体

「前にみたことがある」は、前世の記憶？

「初めて訪れた場所なのに、前にも来たことがあるような……」

「まったく知らない人なのに、以前どこかで会ったことある気がする」

「前にも、このシーンを体験したことがある！」

こういった経験は誰しもあるのではないでしょうか。

過去に一度も体験したことがない事柄にもかかわらず、すでに体験したことがあるような感覚になることを「デジャビュ現象」といいます。

フランスの心理学者であるエミール・ブワラックによって提唱された概念であり、和訳すると「既視感」。経験したような気はするけれど、いつ、どこでそれを経験したのかは思い出すことができない、といったものです。

スピリチュアルな世界においてデジャビュとは、前世の記憶が残っているために生じる現象とする説もありますが、心理学的には「脳内の記憶の断片との一致」が既視感をもたらすものと考えます。

脳は、私たちが生まれてからみたこと、聞いたこと、感じたこと、体験したことなど、すべてを記憶しています。その情報量は膨大で、普段は無意識下にありますが、何かの拍子に記憶のカケラが引き出され、ときにいくつかの記憶がミックスされて、あたかも現実に起こったできごとであるという錯覚を招くのです。

夢の中でのデジャビュ体験も同じこと。

一度も見聞きしたことはないのに、夢に出てきた場所に行ったことがある、夢に

I know…!

登場した人を知っている、という印象をもったことのある人もいると思います。それらもまた、蓄積された記憶の中から、類似の情報を引き出して創造したものであり、過去に行った場所の記憶がミックスされて創造された場所なのです。

同様に、夢に出てくる知らない人も、記憶の断片から生まれた架空の人です。あなた自身の脳が、記憶の断片から新たな場所や人を創造して、夢でみせているのです。そして、その夢の記憶もまた、脳内に整理され保存されていきます。

デジャビュは、そうした夢に登場した創造の場所や、実際に行ったことがある場所も含めて、少しでも記憶が一致する点があると、来たことがあるような気がするあいまいな感覚なのです。

目が覚めているときも「夢」をみる

「白昼夢（白日夢）」は現実逃避か、それとも創造の源か

名前に「夢」とついているものの、眠っている間にみる夢とはまったく違う意味をもつのが「白昼夢」です。

夢は、体は眠っているのに脳が起きている＝レム睡眠時にみるのに対して、白昼夢は体も脳も起きている＝目が覚めているときにみるものです。

空想や想像していることを、まるで現実で起きているかのように映像としてみているような非現実的な状態です。現実世界から注意が逸《そ》れて心がさまようといういわゆるマインドワンダリングの状態といえます。

みなさんにも経験はありませんか。

たとえば学生時代、授業中に好きな人のことを考えてあれやこれやと空想の羽を伸ばしたということが。先生の話など上の空。授業内容などまったく耳に入らず、周りの人からみれば心ここにあらずの状態です。声をかけられると、ハッと気づいて我に返る、というのがまさに白昼夢をみている状態です。

自分の頭の中だけでストーリーが展開されるという点においては夢に近いかもしれませんが、ストーリーを自分の好きなように展開できる上、自分の意志でストップをかけられるというところは、夢とは大きく異なります。

白昼夢には、一つには現実逃避の意味があります。

辛い現実から目を背け、自分にとって都合のいい、心地良い世界へと逃げ込むことができるからです。上手に活用すれば気持ちをリフレッシュさせることができま

すが、白昼夢を毎日のように長い時間みるクセをつけてしまうと、それが現実のことなのか、それとも空想の世界なのか。境界線があいまいになるという懸念があります。現実生活とのつながりをしっかり保ちながら、白昼夢を味わうくらいがいいのではないでしょうか。

その一方で、白昼夢は昔から芸術家にとっては創造の源としての役割も果たしてきました。

小説家でいえば、江戸川乱歩は『白昼夢』、谷崎潤一郎が『白日夢』と題した小説を上梓。夢か現実なのか、あいまいで不可思議な世界を描いています。

音楽ではデヴィッド・ボウイが「月世界の白昼夢」を、松任谷由実が「白日夢・DAY DREAM」を歌うなど、多くのアーティストが白昼夢をテーマとした作品を世の中に生み出しています。

いずれにせよ、白昼夢をみる人は脳の情報処理能力が高いことが、アメリカのジョージア工科大学の研究などによって明らかにされています。

似て非なる「フラッシュバック」

白昼夢と似ているものにフラッシュバックがあります。

これはＰＴＳＤ（心的外傷後ストレス障害）の方が、強烈なトラウマ体験をきっかけに引き起こすもの。白昼夢と同じく、睡眠中ではなく目が覚めた状態でみるという点では同じですが、内容は寝ている間にみる悪夢と同じです。

たとえば、交通事故に遭ったときのシーンを何度も繰り返しみるなど、事件や事故がリアルに再現されます。さらに寝ている間にも悪夢となって夢の中にあらわれ、そのたびに飛び起きることになりますから、精神的にはかなり辛い状態です。

フラッシュバックをみるほど精神的に追い詰められている人は、躊躇《ちゅうちょ》せず、今すぐにでも睡眠と心の専門医に相談に行くことをおすすめします。

同じ夢を何度もみるのは、何かの暗示？

いつもみるのは試験の夢、トイレの夢……

夢の話をすると「試験に関する夢を何度もみる」という人が多くいます。「試験勉強が間に合わない」「時間が足りずに回答が終わらない」「答案用紙が真っ白で焦った」といった夢です。

学生時代にそうした夢をみるのなら分かりますが、試験から解放された社会人になった今でも、さらには70代、80代になっても、ことあるごとに試験に関する夢をみるというのです。

その原因は、状況と結びついた夢のスクリプト（筋書き）があるため、と考えられます。

試験という状況に、不安感や焦燥という感情が結びついていることから、生活の中で不安感や焦燥を感じると試験の夢をみるという筋書きが出てきやすくなるのです。

逆にいえば試験の夢をみたときに「今の自分は何かに焦っているのか、不安を感じているのかもしれない」と察することもできますね。

ほかにも、尿が膀胱に溜まっているときはトイレの夢をみる、お腹がすいたときには食べものの夢をみるというように、体の状況や条件に紐《ひも》付いたパターンが人それぞれあるようです。

よくみる夢は、世界共通

ちなみに国や文化が違っても、よくみる夢は同じ。世界共通だといいます。

たとえば「空を飛ぶ夢」。手を横に広げて飛ぶ、自転車に乗って飛ぶ、ほうきに跨《また》って飛ぶなど、飛び方のバリエーションはいろいろで、さらに街の中や海、森の上など、飛ぶ場所に関しても人それぞれ違います。

また、気持ち良く飛べる人もいれば、途中で急降下して恐い思いをする人もいるようで、これは現実の世界での状況と関連が深いと考えられています。

たとえば、生活がうまくいっているときや、やる気に満ちたときは空高く景色を楽しみながら飛べることが多く、問題や悩みを抱えて奮闘したり、失敗を恐れているときは、地面すれすれの低空飛行だったり、障害物を避けながら飛ぶ、高いところから落ちるなどの夢が多くなります。

また「間に合わない夢」もよくみる夢の一つです。

「受験日に電車が遅れて試験開始に間に合わなかった」「寝坊して大事な打ち合わせに遅刻した」など、さまざまなパターンがあります。

夢をみる当人としては決して気持ちの良い夢ではありませんが、「間に合わない」夢をみるのは真面目な人が多く、現実世界で遅刻しないよう脳がシミュレーションしているという説もあります。

果報は「寝て」待ちましょう

夢には、問題解決のヒントがあらわれる

ときとして現実の世界では、なかなか解決できない問題に出合うことがあります。考えに考え抜いてもなかなか答えが出ない、考えがまとまらない、アイデアが浮かばずに悶々《もんもん》とした日々を送ることもあるでしょう。

そんなときは睡眠時間を削ったり、徹夜をして頑張るよりも、十分に睡眠を取ることをおすすめします。なぜなら夢の中には、問題を解決するためのヒントがち

りばめられているのですから。

そもそも夢をみている最中の脳では、情報の整理が行われています。毎日インプットされる膨大な情報から記憶に残すべきものを選び出し、記憶に定着させます。そして不要な記憶はあえて思い出さないように消去するなどして脳の機能を適正に保ち、私たちが生きやすくなるようにしてくれているのです。

夢をみることで、ごちゃごちゃと複雑に絡み合っていた情報が整理されるため、それだけでも睡眠を取る価値があるといえます。

さらに夢の中には、いつもと違う考えが浮かぶことがあります。

夢の題材になりやすいのは、頻繁にアクセスされる記憶の情報です。たとえば未解決の課題や仕事上のトラブルなど、その人にとって非常に重要で、頭を悩ませるような関心事が、夢の中にも優先的に出現します。

そして夢をみているレム睡眠中の脳は、起きているときとは違う動きをします。夢の中は思考をコントロールしにくい状態ですから、いつもとは異なる考え方や捉え方をする場合が多々あります。

すると、意識下ではあり得ない発想が生まれたり、問題を解決するヒントが生まれたりするのです。

夢研究の世界では、こうした機能のことを「創造的問題解決」と呼んでいます。たとえば、ミシンの開発者であるエリアス・ハウは「服を縫うロボットのようなものがあればいいのに」と考え続けていました。ある日の夢に槍《やり》を持った人が登場したそうです。よくみるとその槍の先には小さな穴が空いていたとか。これが糸を通すミシン針を生み出すきっかけとなり、ミシンが誕生したといいます。きっと同様の夢の話は多くあることでしょう。

まさに、果報は「寝て」待て。

夢は長く寝るほどみる頻度が高まり、長編になります。何か悩みがあるときはいつもより睡眠時間を長く取ったり、昼寝をするのもいいかもしれません。

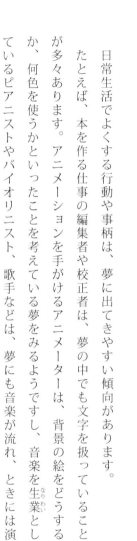

創作活動は、眠りの中で

夢で聴いたメロディが名曲に

日常生活でよくする行動や事柄は、夢に出てきやすい傾向があります。

たとえば、本を作る仕事の編集者や校正者は、夢の中でも文字を扱っていることが多々あります。アニメーションを手がけるアニメーターは、背景の絵をどうするか、何色を使うかといったことを考えている夢をみるようですし、音楽を生業《なりわい》としているピアニストやバイオリニスト、歌手などは、夢にも音楽が流れ、ときには演

奏をして音を奏でたり、歌を歌ったりすることもあるようです。

日々行うことは意識することが多くなるため、記憶に残りやすく、記憶の引き出しも増えることに。そのため夢の中でもあらわれることが多くなるのです。

現実世界で頻繁に行っていることを、夢の中で実践すると、ときとしておもしろい現象を招きます。

ビートルズの名曲「イエスタデイ」は、ポール・マッカートニーの夢をきっかけに誕生したといわれています。

夢の中で聴いたメロディの完成度が高かったため、既存の曲が夢の中に出てきたものと思って、ポールはバンドメンバーやスタッフに確認したといいます。それでも誰も知る人がいなかったことからピアノで弾いて再現。そこにジョン・レノンが歌詞をつけて、時代を超える名曲ができあがったのです。過去（昨日）にサヨナラして未来に進むという歌詞もまさに夢を利用したようでおもしろいですね。

身近な例もあります。文章を書くことを生業にしている女性ライターの場合。どうしても文章の構成が決まらないことがあるそうです。書いては消し、書いては消しの繰り返し。なかなか筆が進まない。そんな状態のまま眠りにつくと、原稿を書いている夢をみるといいます。そしてごく稀《まれ》に、夢の中で文章の構成がストンと決まるというのです。目を覚ました彼女は、その構成に沿って文章を完成させることができるといいます。

夢の中では常識的な思考にとらわれない

そもそも、どうしてこのようなことが起きるのか。
その答えはいまだ解明されてはいません。

脳からみた見解としては、夢をみるレム睡眠時には、情報の整理をしていると考えられています。また、ものごとを論理的に解釈したり、既知の事柄や常識にとらわれがちな「思考」が働きにくくなるので、固定概念のない、自由な考え方をしたり、独創的な発想やアイデアが生まれやすいのだといわれています。

五感を使い、夢をリアルに楽しむ

夢は「みる」だけじゃない。
「触れ」たり、「聞く」こともできます

私たちには「五感」が備わっています。

五感とは目でみる「視覚」、耳で聞く「聴覚」、鼻で匂いをかぐ「嗅覚」、口で味わう「味覚」、皮膚で感じる「触覚」のこと。自分を取り囲む外界を感知して、認識するための大事なセンサーですが、起きているときと同じように、夢の中でも五感を使う

ことができます。

とはいえ、人によって夢の中で使える五感と、使えない五感があるようです。

夢の中でもっとも体験している感覚といえば「視覚」です。「夢をみる」というように、映像を伴うことがほとんどで、夢と感覚の実験をテーマとした論文によれば、夢に視覚を伴う体験率は85％～100％（※1）でした。

カラフルな色を伴うこともあれば、人によっては（高齢者に多くみられますが）、色彩のないモノクロ画像の夢をみる方もいます。

視覚の次に、体験率が53％～76％（※2）と多いのが「聴覚」です。

みなさんの夢には音や声がついていますか？　夢の中で誰かと会話をしたり、動物の鳴き声や雨の音を聞いたり。朝方や昼寝をしたときなど、うつらうつらと浅い夢をみているときには、消防車や救急車のサイレン、つけっぱなしのテレビの音などが取り込まれて夢に出てくることもあります。

料理の「味」「温度」「匂い」

五感を伴う夢で、もっとも憧れるのは味覚を伴うものではないでしょうか。ところが残念なことに「味覚」や「嗅覚」の体験率は少ないようで、7％以下（※3）という結果が報告されています。

料理人や料理研究家など、日ごろから食べ物に触れる機会が多い人は、おいしいものを夢で味わえる頻度が高いと考えられています。その夢の内容は「ドーナツを食べたらとても甘かった」というように、味覚に特化した場合もあれば、「焼きたてのパンのこうばしい香りがした」など嗅覚を感じることや、「甘くて冷たいかき氷を食べた」と、夢の中で温度感覚までも自覚することがあるようです。

また食いしん坊の女子高生は「甘い飴《あめ》」をなめている夢をみて、起きたときに口からよだれが垂れていたとか。もちろん、口の中に飴はありません。家族によると寝ている間の彼女は、飴をなめているかのように口をもごもごとさせていたといいますから、夢の中では本当に飴をなめることを楽しんでいたのでしょう。

夢の中でおいしいものを味わえるなんて羨ましい限りですね。

目の前においしそうな料理があったのに、食べる瞬間に目が覚めてしまった、という夢をみるほうが圧倒的に多く（なぜ目が覚めてしまうのかはＰＡＲＴ１でお話しした通り）、おいしい料理を最後まで味わうことができたという夢をみた方は非常に少なく、貴重な体験といえます。

ちなみに、五感以外にも走る、歩くなどの運動感覚、空腹や満腹感、のどの渇き、尿意、内臓の痛みといった内臓感覚、さらに体のバランスがとれるかどうかの平衡感覚なども、夢の中で体験できることが報告されています。

もし、あなたが「夢の中でおいしいものをよりリアルに楽しみたい」「鳥のさえずりを聞きたい」「夢に出てきた人に触れたい」など、夢の中でも、現実世界と同じように五感を含む感覚を体験したいのなら、ぜひ「明晰夢《めいせきむ》（※４）」をみるための訓練方法（Ｐ１０２）を試してみてください。

※1・2・3 『はじめての明晰夢—夢をデザインする心理学』松田英子（朝日出版社　2021）より。
データ引用は「夢想起における感覚モダリティ別体験頻度」岡田斉（2000）より改変。
※4　今、自分が夢をみていると自覚しながら夢をみている状態。

悪夢をセルフコントロールする

日本人は悪夢への対応法をあまり知らない

悪夢とは恐怖などによって、睡眠からの中途覚醒を引き起こす夢のこと。PART1で少しだけお話ししましたが、「悪い夢」が不安や恐怖を伴う夢ではあるものの、目を覚ますほどではないのに対して、恐怖度が非常に高く、眠っている途中でがばっと飛び起きるような夢が「悪夢」です。

精神医学の見地からさらに細かく分類すると、悪夢とは生活上の心理社会的スト

レスが要因の「特発性の悪夢」と、「トラウマ後の悪夢」に分けられます。

二つの違いは、前者が、その夢の内容が毎回異なるのに対して、後者はいつも同じような筋書きになるという特徴があります。


いずれにせよ、悪夢に毎晩のように悩まされれば、心身ともに疲弊して、調子を崩すことはもとより、苦痛や不安から眠ることが怖くなり、日常生活に支障をきたすことにもなりかねません。そればかりか、うつ病などの精神的疾患を招き、最悪の場合は自殺を引き起こす原因になるのです。

夢の内容を書き換える

そんな悪夢を解消するための方法があります。

悪夢をもたらす原因である現実生活での問題を解消するという直接的な方法もありますが、ここで紹介するのは「悪夢を書き換える」というやり方です。

１９９０年代にアメリカの睡眠医学者であるバリー・クラコウが考案した方法

で「イメージ・リハーサル・セラピー」と呼ばれています。

世界的にはおなじみの認知行動療法ですが、夢に精神性や意味を求めがちな性質があるからなのか、日本ではまだあまり知られていません。


その方法とは、悪夢をみて目が覚めたあと、恐怖のイメージをあえて思い出して、イメージの中で、夢の筋書きや結末を変えてしまうというものです。

たとえば「誰かに追いかけられて捕まり、殺される」という夢をみたとき。

まずは、頭の中に追いかけられているイメージを描きましょう。そのときの場所や時間、感じていた恐怖心などをリアルに思い描きます。

そして「捕まった」という内容から「そのまま逃げ切って捕まらなかった」、あるいは「捕まりはしたけれど、殺されずに、無事に解放された」というように頭の中でストーリーを書き換えてしまうのです。そのことで恐怖心と向き合います。


北米では、お母さんが子どもの悪夢に対処する方法として推奨されています。

悪夢をみて目が覚めた子どもに対して、日本なら「大丈夫だよ」「単なる夢だからね」「早く忘れなさい」といった対応をするのが一般的でしょう。

しかし北米では、ある程度大きくなった子どもの悪夢の話に耳を傾け、ストーリーを書き換えるように誘導します。悪夢に対処するやり方を小さいころから身につけさせることは、悪夢をみたときの対処として有用なツールとなるでしょう。

悪夢を書き換えるということを、起きてからではなく、夢の中にいながら実践する方法もあります。

それが「明晰夢」です。

明晰夢は夢でありながらも、自分の意志で内容を操作できるようになるというもの。訓練次第で、思い通りの夢が描けるようになるのです。

その詳細は、ＰＡＲＴ３でお話ししましょう。

その夢、不調のサインかも!?

自分では気づかない体調の異変が夢にあらわれる

これは、とある女性編集者の話です。

彼女はよく「鼻の穴から、丸い豆のようなものを遠くに飛ばす夢」をみるといいます。大豆のような、ピーナッツのようなものを鼻からフンッと飛ばし、飛ばした後にはいつもケラケラと陽気に笑っているという夢です。隣に寝ているパートナー

によると、その夢をみている彼女は実際に「笑っている」といいます。

どうして、そんな夢をみるのでしょうか。

詳しく話を聞いていくと、彼女はいつも、片方どちらかの鼻が詰まり気味とのこと。鼻詰まりを解消したいという気持ちが、丸い豆のようなものを飛ばすという行動になって夢の中にあらわれ、さらに豆を飛ばしてすっきりしたことのうれしさから笑いがあふれたのだと思います。

ほかにも、こんな例があります。

発熱すると決まって「細い糸のようなもの」が夢にあらわれる、風邪を引くと必ず「切れ切れになった障子が、風でくるくると回っている」という夢をみる人も。よくみる夢（P58）でもお話ししたように、体の調子と結びついた夢のスクリプト（筋書き）が個々にあるためだと考えられます。

さらにいえば、脳梗塞や心筋梗塞、がんといった重い疾患が、何らかの異変として夢にあらわれることもあるといいます。

寝ているときは、外部からの刺激が少なく、ある意味、自分の中の神経が研ぎ澄まされている状態です。そういうときには体の中の微妙な変化に気がつきやすくなることから、そういう夢をみるのだと思われます。

2024 spring **飛島新社のベストセラー**

変な家 文庫版

【著】雨《う》穴《けつ》

映画化オビ

オビを取ると

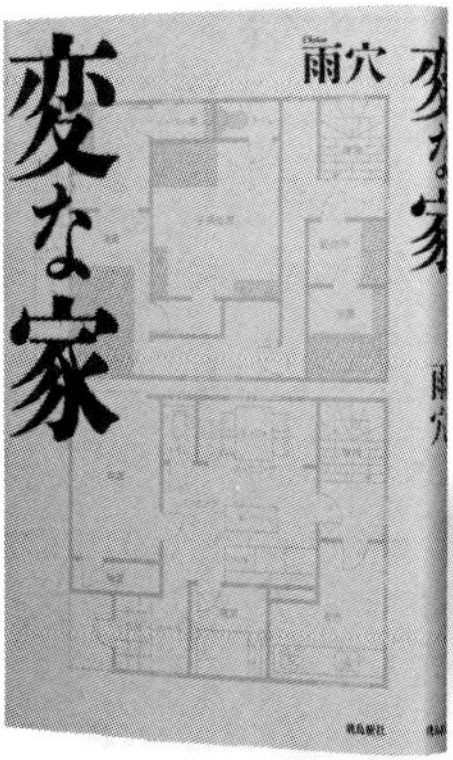

通常カバー

知人が購入を検討している都内の中古一軒家。開放的で明るい内装の、ごくありふれた物件に思えたが、その間取り図にはおかしな点がいくつもあった。いったい誰が何のためにこの家を建てたのか。その謎を追った先にあった恐ろしい事実とは…。設計士栗原による文庫版あとがきも収録。

社会現象を巻き起こす
"間取り"ミステリー

978-4-86410-993-2／770円

夢が生活習慣を変える

睡眠医学者であるウィリアム・デメント博士の夢もまた興味深いものです。

ある日、彼は自分が手術不能の肺がんになったという夢をみたそうです。それも「胸部のX線写真に不吉な影」を認め、さらに「腋窩《えきか》部と鼠蹊《そけい》部のリンパ節に広範囲な転移をみつけた」と説明できてしまうほどに鮮明な夢だったとか。

現実の世界で、彼は1日2箱のたばこを吸うヘビースモーカーでした。

自分の体を心配する気持ちが心のどこかにあって、そうした夢をみさせたのかどうかは定かではありませんが、その夢をみたときに味わった苦痛や悲しみ、辛さなどがあまりに鮮明だったことから、このままではいけないと改心をし、それまで決して実行することのなかった禁煙を成功させたといいます。

夢の大敵は「不眠」です

夢を楽しむには〝眠り上手〟になりましょう

何はともあれ、夢をみるためには眠らなければなりません。

睡眠時間を十分に確保しなければ、夢をみて楽しむことなど、それこそ夢のまた夢、です。

ところが、日本人は眠ることが得意ではありません。

OECD（経済協力開発機構）によると、30カ国以上の1日の睡眠時間を調査したところ、日本人の平均睡眠時間がもっとも短いことが明らかになりました。

さらに日本人は、5人に1人が不眠の傾向にあるといわれています。

それがさらに進んで不眠症になったりすると、夢をみることができないばかりか、血圧や血糖値が上がりやすくなったり、肥満になりやすい、認知能力が落ちて判断力が鈍る、記憶力が低下する、情緒不安定になりやすいなど、心身にさまざまな不調を招くことになりかねません。

そもそも不眠とは、眠るための環境が整っているのに眠れないことを指します。その人にとっての適切な睡眠時間は体質や日中の活動量によって異なりますが、「昼間、睡魔に襲われることはない」「気分の落ち込みがなく、やりたいことをやれる」ことが、十分な睡眠が取れているか否かの目安になります。

秘訣は「無理に寝ようとしない」こと

不眠を改善し、心地良い眠りを迎えるためには、睡眠のリズムを整えることが大切。実践するためのポイントがあります。

とりあえず布団に入って横になることをやめる、ことです。よく「横になっているだけでも疲れが取れるから」と、早々と布団に入る方がいらっしゃいますが、これはNG。横になっても眠れない時間が長くなればなるほど、「横になっても眠れない」ことが脳にインプットされてしまいます。

眠れないのなら、布団から出てストレッチをする、本を読む（※1）など、無理に寝ようとしない、眠ることに集中しすぎないのが正しい対処法です。

大切なのは自分に対して「布団で横になったら眠る」という条件づけをすること。

1　まず、朝の起床時間を定めます。

2　夜は眠くなるのを待ってから布団に入って横になります。

たった、これだけのことですが、布団に入る時間が何時であっても、設定した起床時間に必ず起きるようにすることが大切です。

たとえば6時半に起きると決めます。眠くなったのが深夜2時を過ぎると、初めは睡眠時間が足りないのではと不安になるかもしれませんが、まずは「眠くなったら横になる」を繰り返すことで、次第に睡眠のリズムを整えていくことが秘訣《ひけつ》です。

うまく眠れたかどうかは、睡眠効率の計算式「睡眠時間÷布団に横になっていた時間×100」で導き出せます。この数値が85％以上であれば、睡眠効率が良かったと判断し、布団に入る時間を15分ずつ早めていきます。

そのうち、「布団は眠るための場所」「横になったら眠る」ということを体が認識して、条件反射で早く眠れるようになるはずです。

※1　このときスマホをみる、お酒を飲むといった行為は、かえって眠りを遠ざけることになるので避けましょう。

ふしぎな夢のことば

人間は、夢をみているとき天才である

『夢は天才である』黒澤明(文藝春秋)より

黒澤明監督が、印象に残っている自分の夢を思い出しながら感じたのがこのことばです。その夢をもとに脚本をまとめ、スピルバーグ監督らと映画「夢」を完成。幻想的で美しい映像は、人間の想像力の無限の可能性を実感させてくれます。

PART 3

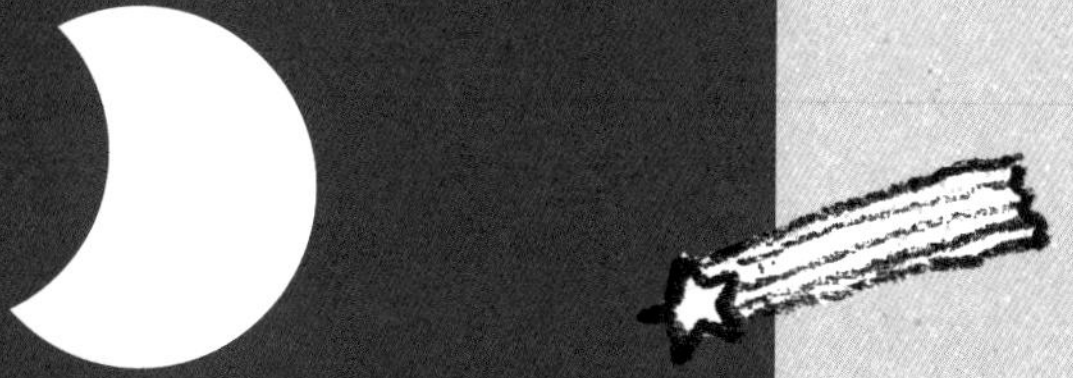

明晰夢が、
現実を変える

明晰夢とは「これが夢だ」と自覚しながらみる夢のこと。明晰夢を利用すれば、現実の世界をよりよくすることもできるはず。ぜひ夢をコントロールするコツをつかんでチャレンジしてみましょう。

Bring Good Luck

明晰夢って何？

「これは夢だ」と
自覚しながらみる夢のこと

夢は夢でも、明晰夢《めいせきむ》のことを知っていますか。

明晰夢とは「これは夢である」と自覚しながらみる夢のこと。英語でいうと「Lucid dream」。Lucidとは「明快な」「分かりやすい」、さらに「意識のはっきりした」「平静な」「正気の」といった意味をもちます。

普段、私たちは寝ている最中に「自分はいま寝ている」と意識することはありま

せんよね。夢をみているときも「自分は夢をみている」という自覚をもつことなどほとんどないと思います。

夢をみている最中に「これは夢だ」と分かるだけでなく、そのまま夢をみ続けることができて、さらには、意志をもって夢の中のストーリーを、自分の好きなようにコントロールできることもあるのが明晰夢です。

普通は夢の展開を予測することすらできませんが、明晰夢だと自分の納得のいく結末で夢を終えることだってできるのです。

それに普通の夢の場合、いくら夢の中のストーリーが支離滅裂でも「これはおかしい」と思うことはないでしょう。

朝起きて、夢を思い出したときに初めて「あれは理論的にはおかしい」「なぜかこうなっていた」「意味が通らない」などと自覚するると思いますが、明晰夢では、現実との違いに「夢の中で気がつくことができる」のです。

夢は操ることができる⁉

明晰夢は鮮明性が高いのが特徴です。

体験者によると、夢でありながらも、夢の中の感覚は、起きているときと同じか、それ以上に研ぎ澄まされているといいます。

目をつぶって眠っている最中の夢においても、現実世界と同じように鮮明にものをみることができ、音を聞いたり、匂いをかぐこともできます。手を使ってものに触れ、指先からその感触や温度、重さなどを感じ取ることもできるそうです。

ある人は夢の中で「飴をなめたら甘くておいしかったけど、うっかり噛んだら歯に詰まってしまった」という味覚と皮膚感覚を、別の方は「焦げた匂いがしていた」という嗅覚を体験し、「赤や白、橙《だいだい》色の花が咲いていた」というように夢に鮮やかな色彩があらわれた方もいます。

明晰夢の中では、まるで現実の世界のできごとのように感覚を使い、夢の中での対象物を深くよりリアルに知覚することができるのです。

あくまでも夢なので、現実の世界では起こり得ない奇想天外なシチュエーションや摩訶ふしぎな物語を楽しめることはもちろん、自分の行動を自在に操ることができるのも、明晰夢のおもしろいところです。

明晰夢のスペシャリストの中には、夢の中で飛んだり、跳ねたり、着地したり、物を作ったり体を自由自在に動かすことができる人もいます。現実の世界では速く走ることが苦手という人も、夢の中では風をきりながら颯爽《さっそう》と走ることができて気持ち良かった、という実感まで得られるそうです。

夢とは思えないほどの感動的な体験だからか、現実では味わえない経験ができるからなのか、明晰夢を一度でも体験した方の多くが「また明晰夢をみたい」といいます。

Bring Good Luck

明晰夢が人生のライフハックに

夢が、日々の暮らしを
より豊かなものにしてくれる!?

そもそも明晰夢を発見したのはアメリカの精神生理・心理学者のスティーヴン・ラバージ博士です。夢研究の第一人者と呼ばれ、ご本人自らも幼少時から明晰夢を何百回と繰り返しみてきた経験の持ち主だとか。

そんなラバージ博士が、明晰夢をみている最中の被験者に、気づいているというサインを送ってもらう実験に成功し、明晰夢の存在を実証しました(※1)。

明晰夢をみたことのない人は、その存在自体、にわかには信じられないかもしれませんね。

確かにまだまだ明晰夢は稀有《けう》なもの。明晰夢をみる頻度について調査をした研究結果によれば、一生に1回でも明晰夢がみられる人は55％、月1回みる人は23％、週に何度もみることができる人はわずか3％未満。残念ながら、明晰夢を一度もみることなく人生を終える人も多いといいます（※2）。

明晰夢は一般的ではないかもしれませんが、夢だと気づいた瞬間に目が覚めてしまったり、明晰夢という存在を知らなかったばかりに気がつかなかった、という場合もあるかもしれないのです。

※1 『明晰夢―夢見の技法』スティーヴン・ラバージ著／大林正博訳 （春秋社　2005）より。
※2 『はじめての明晰夢―夢をデザインする心理学』松田英子（朝日出版社　2021）より。

悪夢を書き換え、心の病を改善

明晰夢は確実に存在しています。というのも、実際に、現代の悪夢治療の最前線では、心の治療に明晰夢が活用されているからです。

心に問題を抱える人、とくにPTSD（心的外傷後ストレス障害）の人は悪夢に悩まされることが多くあります。

悪夢とは、恐怖度が非常に高く、眠っている途中にもかかわらず、飛び起きてしまうような夢のこと。これが毎晩のように続けば心身ともに疲弊して、精神に異常をきたすことにもなりかねません。

PART2で「悪夢をセルフコントロールする」方法を紹介しましたが、明晰夢もまた悪夢の改善に利用可能。「これはいつもの悪夢だから」と認識して落ち着かせたり、悪夢の内容をポジティブな内容へと書き換えさせることにより、悪夢の改善を図ります。

悪夢の回数を減らすことで、心の負担も減るでしょう。また、夢と分かっている状況下で、不安や恐怖に直面することによって、そうしたものに対する過剰な刺激や反応を和らげ、ストレスを軽減することもできると考えられています。

未来のシミュレーションができる

また世界を目指すアスリートの中には、パフォーマンスを上げるために、明晰夢を利用している方がいるといいます。

スポーツ選手が、技術や能力を高めて、記録を伸ばすためにイメージトレーニングを取り入れているのは有名な話ですよね。実際に体を動かすのではなく、動いている自分を具体的に、よりリアルに思い描くことによって、パフォーマンスを高めることができるというのです。

明晰夢とは、自分の思い通りにコントロールができて、なおかつ自分のあらゆる感覚を研ぎ澄ますことができる夢ですから、その中では、より強力にイメージトレーニングをすることができます。

夢の中でシミュレーションすることで「自分はできる」というイメージを強く定着できるからなのか、その仕組みの解明には至っていませんが、明晰夢における練習は、運動能力の向上や集中力アップにつながるとされています。

たとえば大事な会議や面接で重要なプレゼンをしなければならないとき。夢の中でしっかりとシミュレーションをしておけば、実際に行うときも、慌てることなく、よりスムーズなプレゼンをすることができるでしょう。ピアノやバレエなど習いごとの発表会であれば、夢の中で稽古することで現実の舞台では緊張することなく、より良いパフォーマンスを行うといったことが可能になるのです。

夢で、自分の本心を知る

そもそも夢では、潜在意識に気がつくことが可能です。自分の無意識下にある心の動きを読み取ることができるのです。

私たちは起きているときに体験したことや記憶した情報、体験時の感情などを、寝ている間に処理しています。その量は膨大ですから、今の自分に必要なことだけを意識下に残し、ほかの記憶は無意識下にある箱＝潜在意識に詰め込んでしまいます。無意識下にあるため、普段思い出すことはほとんどありません。

夢の中はより自由ですから、思考の翼を無意識下の箱にまで飛ばすことができます。自分は、本当は何を望み、何を考え、何を恐れて、何に悩んでいるのか。心の

内側に踏み込んで、意識下では気づくことのできない（忘れがちな）本心をみつけることで、現実の世界をより良く過ごすことができるようになります。

また潜在意識は知識や情報の宝庫ですから、明晰夢によって無意識下にある箱にアクセスできれば、意識下では思いつかなかったアイデアや、問題解決の糸口がパッとひらめくこともあるでしょう。

PART2で「夢で聴いたメロディが名曲になる」「夢には、問題解決のヒントがあらわれる」など、クリエイティブにまつわるお話をしましたが、明晰夢では、さらにその傾向が強まることが期待されています。

Bring
Good Luck

どこまで夢を操ることができるのか？

スペシャリストは
夢を巻き戻してやり直す

明晰夢には4つのステージがあるとされます。

まずステージ1は、明晰夢の基本である「これは夢だと自覚する」こと。そもそも、このステージに立つことが難しく、夢と自覚しても、喜んですぐ目が覚めてしまえば、明晰夢はそこまでです。

そして、夢と自覚した後も「そのまま夢をみ続けることができる」のがステージ2になります。

ステージ3は「ストーリーを自分の行動でコントロールできる」こと。たとえば、何か怖いものから逃げるときに「これは夢だ」と自覚して、「あそこの穴に隠れよう」「空を飛んで逃げよう」と行動に移して思い通りに進めば成功。ステージ3をクリアしたことになります。

最終のステージ4は「ストーリー展開を何かの道具を使ってコントロールできること」。この道具を使うというのが、かなりの難関です。夢の中でクマに襲われたときに「クマよけスプレーを使って撃退する」「猟銃で驚かす」など、道具を使って対処できればいいのですが、道具を使おうと思っても「みつけられない」「うまく扱えない」ことが多いものです。

ちなみに明晰夢のエキスパートに、うまくいかなかったときの対処法を尋ねると「ストーリーを少し巻き戻して、夢の続きをみる」とのこと。

クマよけスプレーをうまく手に取れなかった場合、ストーリーを少し巻き戻し、クマよけスプレーに意識を集中させて入手し、クマに向かってスプレーするまでをリアルにイメージすることがコツだといいます。

中には夢の続きをみるのが面倒だから、「目を覚ます」という選択をするという方も。まさに明晰夢のスペシャリストです。

Bring Good Luck

夢の中で「これは夢だ」と気づくには

自覚のサインを用意しましょう

明晰夢とは「これは夢である」と自覚することが肝心ですから、夢をみている自分と現実との違いを、夢の中で認知することが必要です。

その手立てとなるのがリアリティチェック（現実確認）です。

これは1970年代にスティーヴン・ラバージ博士（P90）がみつけた方法。自分は今、夢の中にいるのか、起きている状態なのかを判断するために、自分なりの自覚のサインを決めてチェックするという方法（※）です。

レオナルド・ディカプリオが主演したSFアクション映画『インセプション』をご存じでしょうか。

ディカプリオ扮する主人公コブは腕利きの企業スパイ。人の夢にもぐり込み、その人の潜在意識の奥深くに入り込んでアイデアを盗み出すという、まさに夢について描かれた映画です。

他人の夢の中に入り込むコブは、自分のいる場所が夢の中なのか、それとも現実の世界なのかを見極めるためのアイテムとして〝コマ〟を利用していました。コマのスピードが落ちて回転が止まれば「現実」、コマがずっと回り続ければ「夢の中」というように、判断基準を決めていたのです。

同じように、自分なりに夢を自覚するためのサインをみつけておきましょう。

たとえば、時計をみるという方法もよく使われています。1日を通して何度も意識的にチェックして、時計の針が普段と同じスピードで右回りに進むのであれば「現実」、針が逆方向に進んだり、異常なスピードで進んだとしたら、それは「夢の中」というふうに決めておくのです。

もっとシンプルな方法もあります。自分の手を利用したリアリティチェックです。

※参考：「はじめての明晰夢―夢をデザインする心理学」（松田英子著）

両手をこすり合わせて、温かさを感じるようなら「現実」、何も感じない、あるいは、手ではないような感覚がするなど、違和感を感じたときには「夢の中」ということに。また、手をつねって痛みを感じるかどうかで判断する人もいます。

明晰夢は現実よりリアリティがあります。

夢なのか、現実なのか、ときには分からなくなる場合もあるといいます。明晰夢の中で迷子にならないためにも、リアリティチェックの練習をしておきましょう。

現実と夢の間違い探し

夢の中で、現実との違いに気がつこうと意識することも、夢をみているという自覚を高めます。

夢をみたら、注意深く、視野を広く、夢の中のものを観察するように意識してみてください。その夢には、現実とは違うところはないですか。何かおかしいと感じることはないでしょうか。

昨今、一大ブームとなった映画『鬼滅の刃 無限列車編』では、睡眠や夢を操る鬼との闘いが描かれています。

主人公の少年・竈門《かまど》炭治郎《たんじろう》は、鬼によって夢をみさせられます。このとき、川面に映った自分の顔をみたときに、額にあるアザが逆の位置だったことなどから「これは夢である」と気がついて、一命をとりとめました。

同じように、たとえば鏡を利用してもいいでしょう。自分の姿や顔を鏡に映したときに、ホクロの位置が左右逆についていたり、髪の毛の色が違ったり。自分の容姿の特徴となるパーツを一つ選んで意識的にチェックします。そのパーツが普段と同じであれば「現実」、何らかの異変や違和感があれば、それは「夢の中」というように決めておくのです。

Bring
Good Luck

明晰夢をみる方法

初心者でもできる3つのステップ

ここまで読んで「明晰夢をみてみたい」と思われた方も多いのではないでしょうか。そこで明晰夢をみるためのテクニックを紹介します。初心者にも効果的な方法ですから、ぜひ、挑戦してみてください。

ステップ1 夢日記をつける

明晰夢をみるためにはまず、夢を意識化することから始めます。そんなふうにお話しすると難しく感じるかもしれませんが、やり方は簡単。夢日記をつければいいのです。できるだけ具体的に、詳細に。可能なら、夢の中での、自分の感情も思い出して記録しておきましょう。

夢日記を毎日繰り返し書いていると、いつの間にか夢が意識化されて、「これは夢では？」と思う瞬間が訪れる可能性が高まります。

夢は忘れやすいものですから、起きたらすぐに記録ができるように、ベッドサイドにメモ帳とペンを用意しておく、あるいは録音できるようにしておくのがおすすめです。

ステップ2　リアリティチェックを仕込む

98ページでお話しした、夢か現実なのかを見極めるリアリティチェックの練習をします。たとえば両手をこするというリアリティチェックを選んだ場合。1日の中で数時間ごとにタイマーが鳴るようにセットして（起きているときも、寝ているときも）、音が鳴るたびに両手をこすり合わせます。このとき温かくなれば現実、変化がなかったり、逆に冷たくなるなど現実と違う反応が起きたらそれは夢であるという確認を繰り返します。こうした練習を習慣化することで、夢の中で、夢を自覚する確率が高くなります。

ステップ 3 就寝前に、イメージトレーニング

ステップ1と2がある程度、できるようになったらステップ3へ。

寝る前に、その日にみたい夢を思い浮かべます。できればメモ帳などを用意して、夢に出てきてほしい人の名前や行きたい場所、ストーリーなど、夢に関するキーワードを書き留めましょう。脳内に、より鮮明なイメージを浮かべると、夢に出てくる確率を高めますから、可能であればイラストを描いたりすると、なお良いでしょう。

イメージに関連する刺激に触れることも有効です。たとえば夢に出てきてほしい人や自然の写真や画像をゆっくりと眺めたり、楽しかった記憶を思い出したり。好きな音楽を聴いたりしてもいいですね。入眠前に行うことで、自分の記憶情報にアクセスしやすくなります。

二度寝を利用しても

また、もっと手軽な方法を知りたいというのであれば、二度寝を利用する方法もおすすめです。やり方は次の通り。

①　朝、目を覚ます。
②　布団の中から出ずに、みたい夢を思い浮かべる。
③　そのままもう一度寝る。

長く寝たあとすぐに二度寝をすると、夢をみやすい状態になりますし、一度起きて脳が覚醒している状態ですから、夢の中でも意識が覚醒して明晰夢をみやすくなるというわけです。ちなみに初心者の方が明晰夢にトライするなら、スケジュールがあまりタイトではなく、比較的ゆっくり、たっぷり眠れる日がいいでしょう。

仕事に追われて忙しかったり、何か不安ごとや心配ごとがあったりすると、それ自体が夢にあらわれやすくなります。初心者の方はまずは「夢であることを自覚」することが先決ですから、無理せずに、心穏やかなときに挑戦してみてください。

Dream Column 2

夢日記をつけることが明晰夢をみるための近道

夢をさらに深く理解するためにおすすめなのは、夢日記をつけることです。とくに、「明晰夢をみられるようになりたい」という人は、すぐにでも始めてみてはいかがでしょう。

記録するのは、スマートフォンやパソコンを使うのも良いのですが、できればノートとペンがベストです。夢の記憶は目覚めた瞬間から薄れていくため、枕元に置いておけるノートとペンなら、すぐメモすることができます。また、のちに見返すときにも画面を操作するより簡単にみられる、というメリットがあります。

ノートは、見開きを1日分として、左ページに「その日みた夢」と「前日に現実世界で起こったできごと」を半分ずつ書きます。こうすることで、現実のできごとと夢の関連性がみえてきます。「その日みた夢」は、ストーリーやシチュエーションを思い出しながら書き出しているうちに、夢をみていたときの感覚や感情が蘇《よみがえ》り、夢に対する意識が高まります。夢をみるたびにそれを繰り返していると、自分がどんな夢を繰り返しみるかも把握でき、次に同じような夢をみたときに「これは夢だ」と自覚しやすくなるのです。夢の続きをどうしたいかイメージすることも明晰夢をみるために有効です。

右ページには、「今晩みたい夢」のストーリーを夢でみられるよう念じながら書く習慣をつけてみてください。寝る前にみたい夢をイメージすることで、イメージした夢をみたときに、夢であることを自覚する可能性が高まります。

夢日記をきっかけに、「明晰夢」を自由にコントロールするコツをつかんで夢の世界を楽しんでください。

夢は第二の生である

フランスの詩人ネルヴァルの「オーレリア」より

夢と現実の世界は一見別世界のようですが、夢の中にもその人の意識は存在し、闇の中から奇妙な幻影が浮かび上がりストーリーが展開されます。それは、私たちのもう一つの生きる世界で、ときに喜びを、ときに哀しみをもたらすのです。

PART 4

わたしのみた夢

人はみな、魔訶ふしぎな夢をみます。その一つひとつを紐《ひも》解いていくと、その人にとって大切なメッセージが含まれていることも。このパートでは、さまざまな夢の疑問を本書の監修者・松田英子先生に答えていただきました。夢を読み解くためのヒントにしてみてください。

作品に昇華した アーティストの夢

森井ユカさんは、立体造形のほか幅広く活躍中のアーティスト。30年ほど前は毎日のように奇妙な夢をみて、それをイラスト日記として書きとめていました。夢の中の森井さんは、毎回別人格で、内容のほとんどは悪夢。目覚めが悪く、自分が誰かを把握するのに30〜40分はかかっていたそう。その後、スケッチをもとに立体作品の個展を開いてアウトプットしたところ、夢をみる回数は減ったそうです。その夢の一部と夢診断を紹介します。

夢でみた人や物を立体で作ったDM。細かいところまで、しっかり覚えているのは、アーティストならでは。

30年前ぐらいの日記帳。普段は穏やかな森井さんですが、寝言では、普段使わない暴言を発して旦那さんが驚いたことも。

森井ユカ Yuka Morii

立体造形家・雑貨コレクター

有限会社ユカデザイン代表。桑沢デザイン研究所非常勤講師。

立体造形家としてはキャラクターデザインやプロダクトデザイン、雑貨コレクターとしては国内外の食品パッケージや日用雑貨を集めている。著作に『月イチ台北どローカル日記』（集英社）、『読みやすい文字と伝わるイラスト』（KADOKAWA）など。

森井ユカさんのみた夢

Case 1

新橋の駅の砂場で電車の模型を手に遊ぶサラリーマン

私は新橋あたりの会社に勤めるOL。深夜まで残業したので歩いて帰ろうとしましたが、まだ電車が動いているのがみえたので、走って駅へ向かいました。

ところがその駅は、線路のあるべきところに線路がなく、砂場のようになっていたのです。砂場ではサラリーマンらしき人たちが、黄色いオモチャの電車を持って「ガタ、ゴト」「プッ、プ～」などといいながら、子どものように遊んでいました。ちなみに、このときの電車をモチーフに立体模型を作り、個展に出店しました。

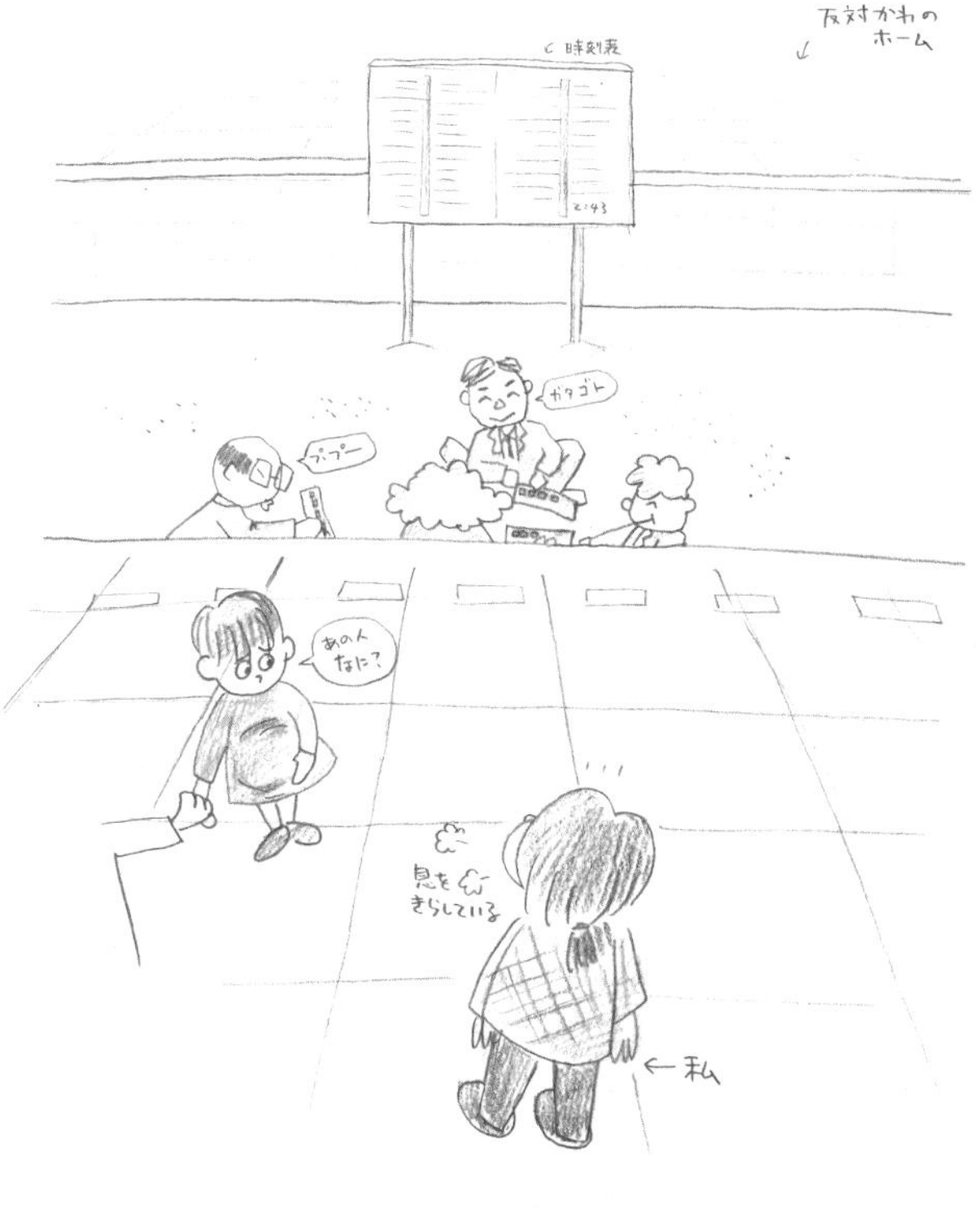

森井ユカさんのみた夢

Case 2

落下した巨大なフジツボのような物体に遭遇

私は宇宙研究所の研究員（30歳未満の男性）です。ある日、女の子を自転車に乗せて山道を走っていると、道端に直径50センチほどの銀色の球体を発見。近づくと、ウォンウォンと耳鳴りがするほど強力な磁力を帯びていました。「これは何かあったな」と、研究所に戻ると、なんと巨大なフジツボのようなものが落ちていたのです！　先ほどの銀の玉は、この物体が落下するときに剥がれ落ちたも

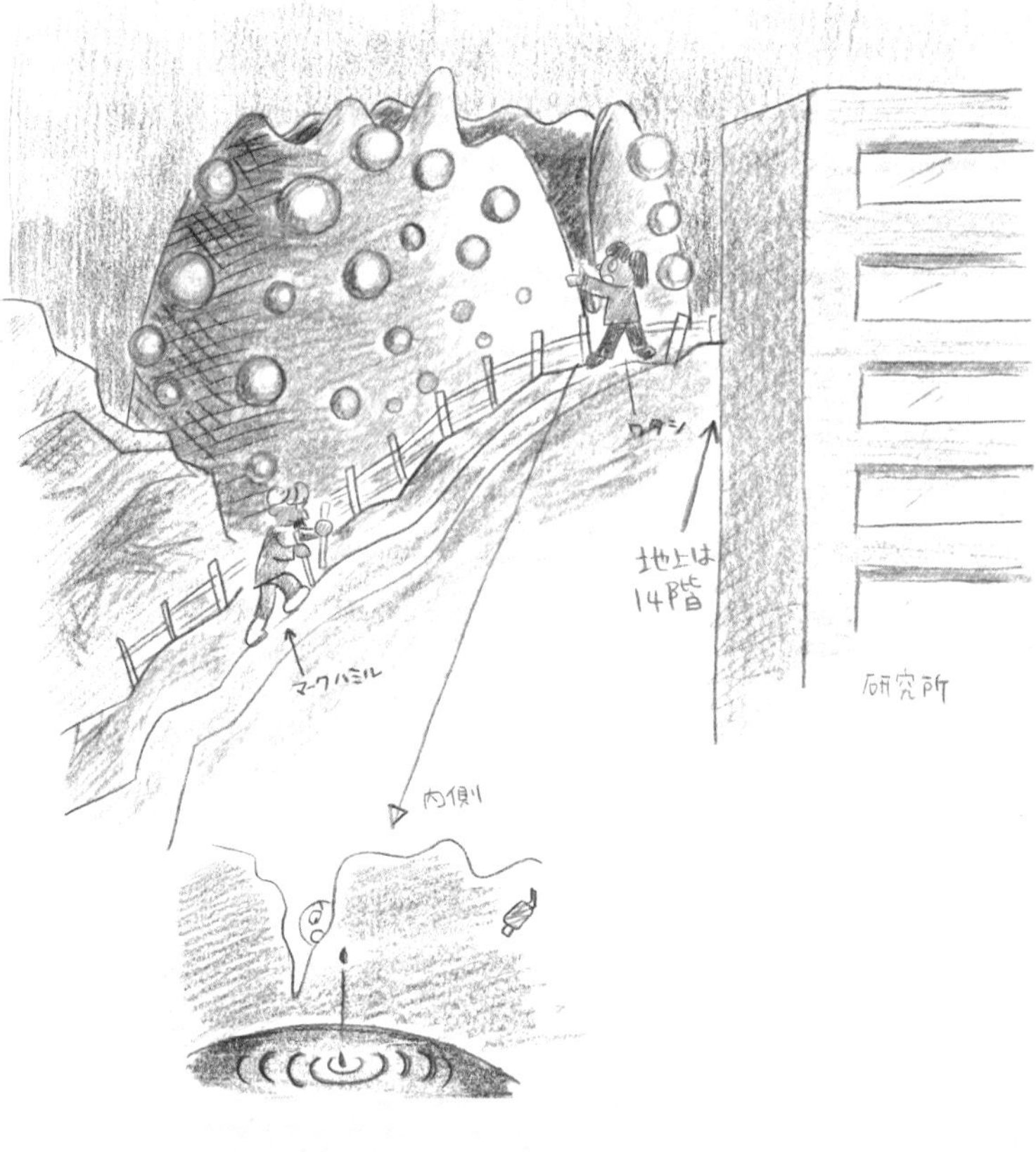

のらしい。割れ目からのぞき込むと、静かな空間にきれいな青い水たまりがあって、空からぽたんぽたんと滴が落ちています。この物体の肌触りは、磨き込んだ木のようで、銀の玉は仁丹を大きくしたようなちょっとザラっとした感じ。

　足音がしたので振り返ると、男2人に支えられた同僚（マーク・ハミル※）が、なんと老人のような風貌で白い杖をつきながら登ってきていました。このフジツボの近くにまる1日いたらそうなってしまったそう。フジツボには危険な作用があることに気づいて怖くなり、自転車に乗せていた女の子を探して手を引き、研究室に戻って帰宅しようとエレベーターに乗ったところで目が覚めました。

松田先生の★夢診断

夢の中で毎回別人格というのは珍しいケースです。森井さんは、若いころから自立する方法を模索してイラストで起業。毎月お給料がもらえるビジネスマンに憧れていたそう。ただ、ケース1の夢で、電車で遊ぶサラリーマンをみつめる視線は冷静で「サラリーマンって幸せなのかな」と問い正しているようにも感じられます。

　ケース2の夢をみた当時は、悪夢をみる頻度が多い一方、現実世界では楽しい日々だったとのこと。アーティストの場合はフラストレーションを感じるほうが作品を生み出す原動力になりやすいため、夢の中でバランスをとっていたのかもしれません。森井さん自身は、男性研究員の設定で、別の世界を楽しんでいるように思えます。

※マーク・ハミル……アメリカの俳優。映画『スター・ウォーズ』シリーズのルーク・スカイウォーカー役で広く知られている。

明晰夢をみるための夢の診断方法

夢は、コツをつかめば自己診断も可能です。夢をみたらまず、一番感情が盛り上がったところがどこかを確認しましょう。分かりにくいときは、「絵にするならどこか」を考えます。そのシーンでわき上がった自分の感情が、過去（とくに数日前まで）のどのできごとと関連しているかを思い出すと、なぜその夢をみたかを解釈しやすくなります。日ごろから、夢の意味することを診断する習慣をつけていると、夢がいかに現実世界のできごとにつながっているか、自分の心のうちを表しているかが分かるようになり、夢への理解や興味が深まるはずです。

次に、夢診断の一例として、夢の診断事例ケースAを紹介。さらにはAの夢を読んでそれに触発されてみた監修の松田先生の夢を、自己診断とともに紹介します。夢を自己診断できるようになると、夢の中での意識も高まり「これは夢だ」と気づいて、明《めい》晰《せき》夢《む》への扉も開きやすくなります。Ｐ１１８からは、夢の実例を取り上げながら、松田先生が夢を診断。夢を自己分析するための参考にしてみてください。

夢の診断事例
Case A

映画のような巨大津波が……怖すぎて飛び起きる

Y・Sさん（28歳・女性・デザイナー）

私と友人が南の島のビーチで遊んでいると、遥《はる》か沖のほうから※①壁のような波がやってくるのがみえたのです。みるみる身近に迫ってきて、あっという間に波にのまれ、ぐるぐると回る感覚の後、ふと気がつくとなぜかさっきと同じビーチにいます。友人もいて、私は彼女に「津波がきたよね!? 夢じゃないよね？」と聞くと、彼女も「夢じゃない」といいます。

※②「もしかしたら、津波がくる少し前に戻ったのでは？」と思い、津波から逃げようとある建物の2階の突き当たりの部屋へたどり着きました。その部屋には潜水艦のような丸い窓があります。窓から外をみると、2階に上がったはずが海中のよう。そのときラジオから「世紀の大発見！」という声が聞こえました。※③どうやら、ノアの方舟《はこぶね》のようなものがみつかったようなことをいっています。

①津波の夢は海辺に住んでいる人、海で怖い思いをした経験がある人、大きな心配事があるときによくみる。

②でもやはり災難を疑うのは、夢の中で何度も同じ災難に遭ったことがある可能性が。

③大きな困難でも何らかの解決策を見出《みいだ》そうとしている。

そして、突然の場面変換。気づくと、※④小型の酸素吸入器のようなものをくわえて、海の中を泳いでいます。しばらく行くと、目の前に巨大な古い船がみえてきます。※⑤その船の横に書かれている文字をみた途端、「あっ！そういうことか」と、理解します。その船は、私が南の島へ乗ってきた船だったのです。

乗ってきた船が、ノアの方舟ほど昔のものだったということです。津波の後、少し前に戻ったと思ったのは大間違いで、※⑥数世紀先の未来へ来ていたのだと気づきました……。

その途端、※⑦また初めのビーチへ戻っています。そして、海の向こうからまたあの大きな津波がやってきていました。

ここで※⑧あまりの怖さで飛び起き、すぐに※⑨妹へ電話して話を聞いてもらいました。まるで、映画のような長い夢でした。

④津波の大元の海に潜ることで、心配事の核心部に迫ろうというYさんの勇気と探求心が感じられる。

⑤Yさんが一番印象に残った部分。知らなかった現実に直面して愕然《がくぜん》とした。ここから、何か似たようなできごとがなかったか、何か大きな事実を見逃していないか、考えることが夢の鍵になることが多い。

⑥実は未来に来ていたという結末は、映画やアニメのストーリーに影響を受けている可能性大。

⑦繰り返し同じ夢をみるときは「これは夢だ」と自覚しやすい。Yさんも訓練次第で明晰夢をみられるはず。

⑧飛び起きるほど怖い夢を繰り返しみる場合は、何かトラウマがある可能性が。専門家に相談することも有効。

⑨夢の体験を人に聞いてもらうのは、悪夢を繰り返しみないための解決策の一つといえる。

CaseAより
松田先生の
夢と診断

好きなアイドルと船からの脱出

松田英子先生（東洋大学教授・臨床心理士）

この世の終わりのように荒れ狂う海、※①次々と津波が押し寄せてきます。私は大きな船内にいたのですが、※②赤いジャケットと青のシャツを着た青い髪のBTSのVが（なぜか実際よりも背が高くて、顔が小さい）、「大丈夫。あきらめずに一緒に逃げよう」とハグしてくれて脱出することを決断しました。

①津波は、前日に取材の資料として読んだ夢（CaseA の夢）が気になっていたためみたと考えられる。

②前日の深夜、たまたまテレビでアニメの「ルパン三世」を目にして、家族とルパンのジャケットの色の変化について話したことが影響。Vの体型の変化もルパンのよう。Vが以前、青い髪で赤いスーツを着ていたことも関連。

まとめ

夢を解く鍵をみつけましょう

夢を解くためには、まずは1～2日前、次に1週間前のできごとを思い出します。その後、夢に出てきたことやものの意味を自分の感情と照らし合わせて考えます。きっと現実とつながるきっかけがみつかるはずです。また、夢をみたらすぐに「夢日記」をつける習慣を。それを繰り返すことで夢（自分自身）からのメッセージに気づきやすくなります。

わたしのみた夢
Case 1

真っ白な部屋からの脱出

M・Nさん（30代・男性・飲食店店員）

ドアから出ると、真っ白な部屋。あれ？　と思って入ったドアから元に戻ろうとすると、ドアが消えていました。部屋の先に窓があるので、そこから出ようと開けると絶壁の崖。なぜか飛んでみよう！　と思い、飛んではみましたが、やっぱり落ちていきます。でも水面ギリギリまできたところで、何とか飛ぶことに成功。雲の上まで飛ぶことができました。

そう思ったらまた、白い部屋に戻っていたのです。

松田先生の★夢診断

水面ギリギリで飛べて、そのあと雲まで行ったというのは、水の中には落ちたくなかったのでしょう。そこで踏ん張って上がっていけたということは、頑張れば何か達成できる可能性がある人です。

ドアが消えて絶壁の崖という場面には、「退路を断つ」という強い覚悟が感じられます。現実世界でも目的意識をしっかりもって頑張ってほしいと思います。

そして同じ部屋に戻るというのは、明晰夢をみる人によくあるタイプの夢。本人に明晰夢の自覚はないようですが、同じ部屋に戻った後に飛び方を変えてうまく飛べるよう上達していくことができれば、明晰夢をみられるかもしれません。

わたしのみた夢
Case 2

小指を切られ痛みを感じる明晰夢

O・Kさん（20代・女性・製菓店店員）

もともと小さいときから「これは夢かな」と思うことがよくありました。

5年ほど前にみた夢では、刃物を持った強盗に襲われそうになり、家に急いで入って鍵をかけました。でも「これは夢だ」と気づいて、「それなら、痛みはあるのか実験してみよう」と、小指だけドアの隙間から出してみたのです。すると強盗に切りつけられ「痛っ！」と小指を引っ込めてみると、少し切られていました。「夢の中でもやっぱり切られると痛いんだ」と思ったところで目が覚めました。

松田先生の★夢診断

一般的には、夢の中で切りつけられても痛みを感じる人は少ないですから、この人の夢は明晰夢ですね。

子どものころから「これは夢だ」と気づいてみていたということなので、スーパー明晰夢の人といえます。「痛い」と思って目が覚めたようですが、痛みの感覚は、目が覚めたときは少し残っていてもリアルではないのですぐ消えたはず。痛いかどうか実験しているところがユニークですね。

明晰夢は気力と体力を使うので、脳と体を休める睡眠の確保のためには、あまり頻繁にみるのは避けたほうがいいですが、たっぷり眠れる日は明晰夢を楽しんでほしいと思います。

わたしのみた夢

Case 3

準備不足が次々発覚 不安な思いが夢に

Y・Yさん（53歳・女性・主婦）

友達夫婦の家を訪問。おもてなしをしてもらいますが、お土産を持ってこなかったことを思い出し、お詫びをして、今度お菓子を送ると伝えました。途中でトイレを借りたのですが、ものが散乱していて用をたす場所がなく困ってしまい、仕方なくそのまま出ることに。すると友人から「コロナに感染したみたいだからこれから病院に行ってくる」と告げられます。

私はマスクをしていないことに気づき慌ててカバンの中を探しますが、みつけた立体マスクはパカッと2つに割れてしまいました。

松田先生の★夢診断

この人は、お土産を忘れたとか、持ってきたマスクが2つに割れたとか、準備不足が共通したテーマになっていますね。

普段、準備不足ということに対して常に不安をもっている真面目な方だと思います。また、お土産を忘れたことを夢の中で気にするほど、気遣いのある人でもありますね。あとでお菓子を送る対処にも、誠実さを感じます。友達がコロナに感染したのに自分はマスクをしていなかったことに慌てるのは、心配性だからでしょう。

このように、その人の夢での行動や考えを分析するだけで、その人の個性が垣間《かいま》みえるところも、夢のおもしろいところです。

わたしのみた夢
Case 4

他人の行動も変える⁉スーパー明晰夢

T・Mさん（20代・男性・大学院生）

軍隊に所属し、仲間とともに「歴史的に価値のある本を保管している大学の図書館を、爆撃から守る」という任務の最中でした。大量の本を抱えて物陰に隠れながら移動しているとき、「今みているのが夢だ」と気づき、自由に行動できるように。仲間に「音を立てないように」と、指示を出しながら図書館を守るための作戦を遂行していきました。「空から攻撃されそうだな」と思うと本当に攻撃を受けるなど予測は的中。ストーリーを自分の思い通りにできたのは初めてで、驚きながら目を覚ましました。

松田先生の★夢診断

この人は、明晰夢のストーリーを変えることができる人の中でも上級者レベル。さらに、自分の行動だけでなく他人を思い通りに動かせるというのは、かなりレアなケースです。彼が明晰夢をみられるようになったのは、高校3年生のころから。最初は「これは夢だ」と感じながらみ続けることができる一般的な明晰夢でしたが、あるときから「駅の長い階段を10段以上飛ばしながら跳び降りる夢」を繰り返しみるようになったそう。明晰夢がレベルアップするときは、このように繰り返しみる夢がきっかけになることがよくあります。「試しに上から一気に飛んでみたらうまく着地できた」など、自分の意志で動いてみることで、筋書きを変えられるようになっていくのです。

わたしのみた夢

Case 5

筋書きを書き換える イメージリハーサルを

M・Kさん（30代・女性・ヨガインストラクター）

アメコミに登場する女性戦士のようなコスチュームの女性同士の戦い。その中に紛れて、なぜか私も戦っていました。味方の中に敵も紛れている様子で、さまざまな危険を回避するため息つく暇がありません。そこに、巨大な乗りものがいくつも襲ってきたのです。その一つ、大きな列車に乗り込んだら、なぜか海に出て沈み始めました。慌てて逃げようとしましたが、思うように逃げられず、水が浸水して足元まで来たので「このままじゃ沈んじゃう！」と恐怖を感じた瞬間、「これは夢だ」と意識したら目が覚めました。

松田先生の★夢診断

危険な場面を回避するため、「これは夢だ」と意識して目が覚めた。これは、あと一歩で明晰夢になるかもしれませんね。夢であることを意識しながら、水から逃れるために高いところに飛び移る、空を飛ぶ、などができれば、立派な明晰夢といえます。

明晰夢がみられるようになれば、戦いの最中も強い武器を出して相手を撃退したり、シーンを巻き戻して相手からの攻撃を避けたり、自分の思うようにストーリーを調整できるようになります。明晰夢をみるためには、目が覚めたあとに「次に同じような夢をみたらどうするか」、具体的に場面をイメージしながらストーリー展開を考えるイメージリハーサルをする習慣をつけることをおすすめします。

わたしのみた夢
Case 6

呪文で扉が開く展開を意識すれば明晰夢に

T・Kさん（50歳・男性・フリーエディター）

駐車場から車を出そうと待っていたら、男性と娘らしき人が私の車に乗り込んで出発しようとしていて大慌て。「乗って行かれると困る！」と、私もその車の後部座席に扉をすり抜けてスルリと乗り込むと、研究室のようなところに到着。車を取り返して出発しますが、ビルの中なので、踊り場のようなところに出てしまいました。扉が閉まっていましたが、「開けゴマ！」と唱えると扉が開いた経験があることをふと思い出し、同じように叫んでみたのです。すると、すんなり開いて下に降り続けるところで目が覚めました。

松田先生の★

夢診断

「開けゴマ」というのは、アラビアンナイトの一篇「アリババと40人の盗賊」に出てくる呪文。過去にこの本を読んだ記憶があって、夢の中でこれまでも何度か呪文を使って扉を開けた経験があるとのことでした。

明晰夢の達人は、いつも決まったシンボルから夢がスタートするようです。自分の寝室の天井や窓、カーテン、水槽、ビルの屋上など。この方の場合、次にまた扉の前に立ったときは「これは夢の中だから開けられる」と意識できるよう頑張ってほしいですね。

臨床心理士としては、「車を取り返す」「何とかして扉を開く」など、窮地に陥ってもあきらめないところに、この方の性格が表れていて興味深いです。

わたしのみた夢
Case 7

知らない駅に着く夢は自分の故郷を探す旅

M・Hさん（50歳・男性・イラストレーター）

電車で知らない駅に着く夢をよくみます。電車からみえる景色はいつも違っていて、山だったり、海辺だったり、町の中だったり。でもいつも懐かしく感じるんです。

電車は、友人と一緒のときもあれば一人のときも。知らない人と乗り合わせることもありますが、いつも前から知っているように感じます。あるときは、知らない女性と楽しく話していたのに、その人が途中の駅で降りてしまい、なんともいえない寂しさが襲ってきました。起きてからも悲しさが込み上げてくるほどでした。

松田先生の★夢診断

電車での旅って、人生と似ていますよね。だから、どこに行くか分からないけれど、どこかには行き着く。この方は夢の中で人生を味わっている気がします。また、実生活で転勤が多かったということなので、夢の中で人との出会いや別れを体験しながら、あちこち旅をして自分の故郷を探しているのかもしれません。

今は、夢（人生）を振り返りながら感情の整理をしていらっしゃいますが、しばらくののち、どんなふうに夢を展開させたいのか意識することで、現実でも行きたい場所（人）をみつけるきっかけになるかもしれませんね。

わたしのみた夢

Case 8

遅刻常習者は遅刻の夢をみない？

A・Hさん（40代・女性・フリーアナウンサー）

あるラジオ番組で司会をしているのですが、よくみるのが仕事に大遅刻する夢です。「番組のオンエア本番に間に合わない！」と気づいて大慌てで走って現場に到着するも、大遅刻してみなさんに謝らなければ、と辛い思いが込み上げます。

その一連の流れを「これは夢だよね。実際はこんなことあったら困る」と思いながら、いつも眺めているもう一人の自分がいます。そのうち夢が覚めて、「やっぱり夢だった」と気づきます。

松田先生の★夢診断

遅刻する夢は、多くの人がよくみるテーマの一つです。不安に思っていることを夢の中でシミュレーションして、現実世界では起こらないよう準備しているのです。こういう夢をみる人は真面目な人で、現実世界ではしっかり準備をしているはず。よく遅刻する人は、遅刻することをあまり気にしていないので、夢にみないと思います。

この人の場合は、もう一人の自分は遅刻する自分をみて「これは夢だよね」と気づくくらい、普段から準備をしっかりしていることが分かります。「夢と気づいてみている」ようですが、確信はもてていない様子。ただ、限りなく明晰夢に近いので、訓練すれば夢の中で間に合うよう筋書きを変えられるようになるはずです。

わたしのみた夢

Case 9

整骨院の先生へ信頼あふれる思いが夢に

T・Kさん（50代・女性・イラストレーター）

いつも体調不良を改善してくれる整骨院の先生のところへ行き、先生が来るのを心が浮き立つ思いで待ちました。先生は髪を伸ばし、スタイリッシュな仙人のよう。「久しぶり」という目は変わらず優しく、『私のこと覚えてくれてたんだ！』とうれしい気持ちに。施術が終わると先生が「鶏の唐揚げ」を持って戻ってきました。「先生が私の好きなものを知ってる!?」と心が浮き立つも、「元気でね」という言葉に『もう来ちゃダメだよ』と意味が込められているのを感じ、振り切るように早々に整骨院を後にしました。

松田先生の★夢診断

「心が浮き立つ」とか「胸が高まる」とか、先生に対する絶対的な信頼感があって、「大好きな先生」なのが分かります。普段は、体調が悪くなると助けを求めるように先生の夢をみるのに、このときはそんなに体調は悪くなかったということなので、「もう来ちゃダメだよ」といわれる夢をみたのかもしれません。「鶏の唐揚げ」が好きということですが、あらわれ方が唐突で、体調不良や先生とは関係はなさそうです。きっと、最近食べたとか、食べたかったとか、現実世界で鶏の唐揚げを意識したことがあるんじゃないでしょうか。いずれにしても、好きなものを贈られて卒業を意識しているというのも、先生との温かい交流がうかがえて微笑ましい夢ですね。

わたしのみた夢
Case 10

野球をやめて約3年怖かった夢に変化が

N・Yさん（22歳・男性・大学生）

大学では自転車競技をしていますが、よくみるのは高校の野球部のときの夢です。しかも「バッターボックスでベンチから監督が出すサインの意味が分からず焦っている」「ミーティング中に監督から怒られているけど納得いかず、歯向かおうかどうか悩んでいる」など、監督絡みのネガティブな夢がほとんど。当時の監督は機嫌を損ねると怒り出す人で、部員はみんな気を遣っていたんです。ただここ1年ぐらいは、監督が夢に出てくると緊張はするけど怒られなくなり、目が覚めたときの嫌な感情もなくなりました。

松田先生の★夢診断

チームスポーツである野球は、自分の行動が周囲に与える影響を考えてしまいがちです。この人はとくに、とても責任感が強く緊張しやすい性格のようですから、野球部のときは、自分勝手な行動を慎み、本来の自分の気持ちを抑えていることが多く、たまっている感情が多かったことがうかがい知れます。

大学では自転車競技ということで、個人のスキルを磨くスポーツにチェンジしたことが、夢の変化につながったと考えられます。監督に怒られなくなり、目覚めたときの嫌な感情もなくなったということは、時の流れとともに、高校野球部を心理的に卒業されたのでしょう。

あなたの未来を思い通りに――

夢の鍵

2024年7月15日　第1刷発行

監　修　松田英子

発行者　矢島和郎
発行所　株式会社 飛鳥新社
〒101-0003
東京都千代田区一ツ橋2−4−3　光文恒産ビル
電話　03-3263-7770（営業）
03-3263-7773（編集）
https://www.asukashinsha.co.jp

イラスト　山﨑美帆
デザイン　庄子佳奈（marbre plant inc.）
DTP　平林亜紀（micro fish）
校　正　ハーヴェスト
文　轡田早月（INTRODUCTION）、葛山あかね（PART1~3）
編集協力　酒井ゆう（micro fish）
小宮千寿子（文／PART4、Dream Column）

印刷・製本　中央精版印刷株式会社

ISBN978-4-86801-021-0

編集担当　内田威

監　修
松田 英子（まつだ・えいこ）

東洋大学社会学部心理学科教授。公認心理師・臨床心理士。お茶の水女子大学文教育学部卒、お茶の水女子大学大学院人間文化研究科単位取得満期退学、博士（人文科学）。専門は臨床心理学、パーソナリティ心理学、健康心理学。著書に『夢と睡眠の心理学―認知行動療法からのアプローチ』（風間書房）、『はじめての明晰夢―夢をデザインする心理学』（朝日出版社）、『1万人の夢を分析した研究者が教える今すぐ眠りたくなる夢の話』（ワニブックス PLUS 新書）など多数。『なぜ、あなたはその夢をみるのか？』（通販生活）を連載中。

※ P14の大谷翔平選手のコメントは、『Number』2021年12月2日発売号「大谷翔平2021完結編」より抜粋。